CAFÉ AM RO

Das Rote Haus in Monschau

Herausgegeben von

der Stiftung Scheibler-Museum
Rotes Haus Monschau

Mit Beiträgen von

Wilfried Hansmann, Josef Mangold
und Elisabeth Nay-Scheibler

Fotografien von

Heinpeter Schreiber, Hermann Weisweiler
und Silvia-Margrit Wolf

DuMont Buchverlag Köln

Inhalt

Vorwort

Jedes Jahr zählt das Rote Haus in Monschau über 20 000 Besucher. Es ist eines der wenigen Bürgerhäuser, die mit ihrer überwiegend originalen Einrichtung die Stürme dieses Jahrhunderts in Westeuropa überstanden haben.
Mit seiner Architektur und Geschichte gehört dieses Haus zu den wichtigen Denkmälern und historischen Quellen der Aachener Region. Es repräsentiert die Zeit des ausgehenden 18. und des 19. Jahrhunderts, während der in der Tuchmanufaktur die Grundlagen für die Entwicklung der Industrialisierung unserer Region gelegt wurden. Die enge Verbindung dieses Landstrichs zu den Nachbarländern spiegelt sich heute wider in der großen Besucherzahl auch aus Belgien und den Niederlanden.

In den letzten zwei Jahrzehnten ist es der Kunstgeschichte, der Geschichte und der Volkskunde gelungen, eine Reihe neuer Erkenntnisse zur Aachen-Monschauer Region, zum Roten Haus und dessen Erbauer Johann Heinrich Scheibler und seinen Erben aufzudecken. Die Stiftung Scheibler-Museum Rotes Haus Monschau, getragen von der Familie Scheibler und dem Landschaftsverband Rheinland, verantwortlich für Unterhaltung und Präsentation des Hauses, möchte die neugewonnenen Erkenntnisse mit diesem Band der interessierten Öffentlichkeit zugänglich machen. Das vorliegende Buch enthält fachkundige Textbeiträge von Wilfried Hansmann, Josef Mangold, Elisabeth Nay-Scheibler und Fotografien von Heinpeter Schreiber, Hermann Weisweiler und Silvia-Margrit Wolf, denen dafür Dank zu sagen ist. Zu danken ist auch dem Ehepaar Woldt und Geschäftsführer Horst Melcher, die seit Gründung der Stiftung dafür gesorgt haben, daß die Öffentlichkeit dieses großartige Baukunstwerk am Rande der Eifel täglich erleben kann. Frau Liesbeth Woldt gewährte zudem den Autoren jede nur denkbare Hilfe bei der Beschaffung des Materials für diesen Band. Frau Albertine Güttsches erlaubte die Reproduktion von Fotografien ihres Mannes Georg Güttsches aus den 1930er Jahren. Hans Gerd Lauscher stellte eine bislang unbekannte Stadtansicht von Monschau aus der Zeit um 1835 zur Erstveröffentlichung bereit. Herr Dr. Norbert Nußbaum gestattete Einblick in die noch unpublizierte Bauuntersuchung des Roten Hauses. Ihnen allen sei hierfür herzlich gedankt.

Für die Stiftung Scheibler-Museum Rotes Haus Monschau

Udo Mainzer   Christoph Scheibler   Hans-Jürgen von Osterhausen

1 ›Prospect von der Statt und dem Schloss Monjoye
wie Solches Front gegen orient Macht‹,
gezeichnet vom ›Artillerie Capitaine‹ Laub. 1766
Kolorierte Federzeichnung (Ausschnitt)

Das Rote Haus in Monschau

Wilfried Hansmann

»Ich Joh. Heinr. Scheibler der ältere ernähre alleinig von meiner Fabrique beständig mehr als 4000 Menschen und bin ohne eigenen Ruhm zu melden derjenige, der das Monjoyer Tuch durch ganz Europam in die Renommee und ich möchte sagen Millionen Geldes in das Monjoyerland und Nachbarschaft gebracht habe.«[1]

Das Rote Haus, von dem Tuchmacher Johann Heinrich Scheibler als Wohnsitz und Produktionsstätte errichtet, beherrscht durch die Wucht seiner Erscheinung bis auf den heutigen Tag das Stadtbild von Monschau (Ft. S. 9, Abb. 8). Gleich aus welcher Richtung man sich der Altstadt nähert, stets zieht das Tuchmacherhaus mit seinen leuchtend roten Außenfronten und dem hohen nobel geformten Schieferdach die Blicke auf sich. »Die gedrängte und verworrene Vielgestalt der Stadtanlage scheint sich bei längerem Verweilen zu diesem Bauwerk hinzuordnen.«[2]

Kein Zweifel: Johann Heinrich Scheibler (1705–1765) wollte mit dem Roten Haus seinen Gewerbefleiß, seinen Erfolg, seine selbstbezeugte Unentbehrlichkeit und seinen Wohlstand demonstrieren. Der Effekt dieser Selbstdarstellung war noch eindrucksvoller, als das Gebäude neu errichtet war und die Nachbarbauten fehlten, die seinen Maßstab aufnahmen, vor allem die evangelische Kirche (1787–1789) und das Fabrikgebäude Johann Heinrich Scheibler, Ronstorff, Rahlenbeck & Co. (1815). Der ›Prospect von der Statt und dem Schloss Monjoye wie Solches Front gegen orient Macht‹ von 1766, gezeichnet vom ›Artillerie Capitaine‹ Laub (Abb. 1), läßt die ursprüngliche Wirkung nacherleben. Die Häuser der Stadt, meist mehrgeschossig und mit Satteldächern gedeckt, säumen eng aneinandergedrängt die Ufer der Rur. Drei Bauwerke heben sich heraus: das Aukloster im Vordergrund, das Schloß auf der Höhe und der Bau des Roten Hauses.

Daten zur frühen Baugeschichte

Die Baugeschichte des Roten Hauses, für das Johann Heinrich Scheibler die gewaltige Summe von etwa 90 000 Talern aufwendete[3], liegt nahezu völlig im dunkeln; weder über den Baumeister noch über den Auftrag und das Baugeschehen geben Archivalien bislang Auskunft. Nach Walter Scheibler soll das Gebäude 1756 errichtet worden sein.[4] Karl Faymonville datiert das Baugeschehen später: »angeblich 1762–1765«.[5] Die Planung jedenfalls ist beträchtlich früher nachzuweisen: Erhalten ist die Handzeichnung eines Wegeplans[6] im Zusammenhang mit dem Neubau des Roten Hauses (Abb. 2). Dieser Plan wurde laut rückseitiger Beschriftung 1752 gedruckt. Auf der Zeichnung – ob sie Druckvorlage oder Kopie des Drucks oder der Vorlage ist, bleibt fraglich – erscheint bereits der mächtige Baukörper des Roten Hauses mit den Freitreppen der beiden Haushälften und der Bezeichnung »Herrn Scheiblers Neuer Bau!«. Die charakteristische Gestalt des Roten Hauses war also zum Zeitpunkt der Katasteraufnahme – 1752 oder früher – konzipiert.

Aus der Zeit vor dem 20. September 1764 datiert eine Eingabe der Stadt Monschau an den Landesherrn mit der Beschwerde über Eigenmächtigkeiten Johann Heinrich Scheiblers beim Bau des Roten Hauses.[7] Er habe diese Anlage zu nahe in die Gasse hineingebaut, eine Mauer auf städtischem Grund errichtet und dadurch den Weg in den Laufenbach – eine Furt – beengt. Bei Sanierungsarbeiten 1964 fand sich im Balkenlager der Treppe im Hausteil ›Zum goldenen Helm‹ der Abriß eines Briefes mit Ortsangabe und Datum: »Lille le 5 Avril 1767«. Ob damit jedoch ein terminus post quem für den Einbau der Treppe gegeben ist, wie Schoenen meint, ist keineswegs sicher; der Briefabriß kann auch in die bereits eingebaute Treppe gelangt sein. Auf dem Hauszeichen, dem goldenen Helm, außen über der Eingangstür, steht die Jahreszahl 1768; sie wird als Abschluß der Bau- und Ausstattungsarbeiten interpretiert. Die Zahl ist aber neu aufgemalt; Walter Scheibler las 1955 an ihrer Stelle noch 1756.[8] Keines dieser Daten kann die Vermutung entkräften, daß das Rote Haus beim Tode Johann Heinrich Scheiblers 1765 fertiggestellt und bewohnbar war. Man kann sich kaum vorstellen, daß eine so tatkräf-

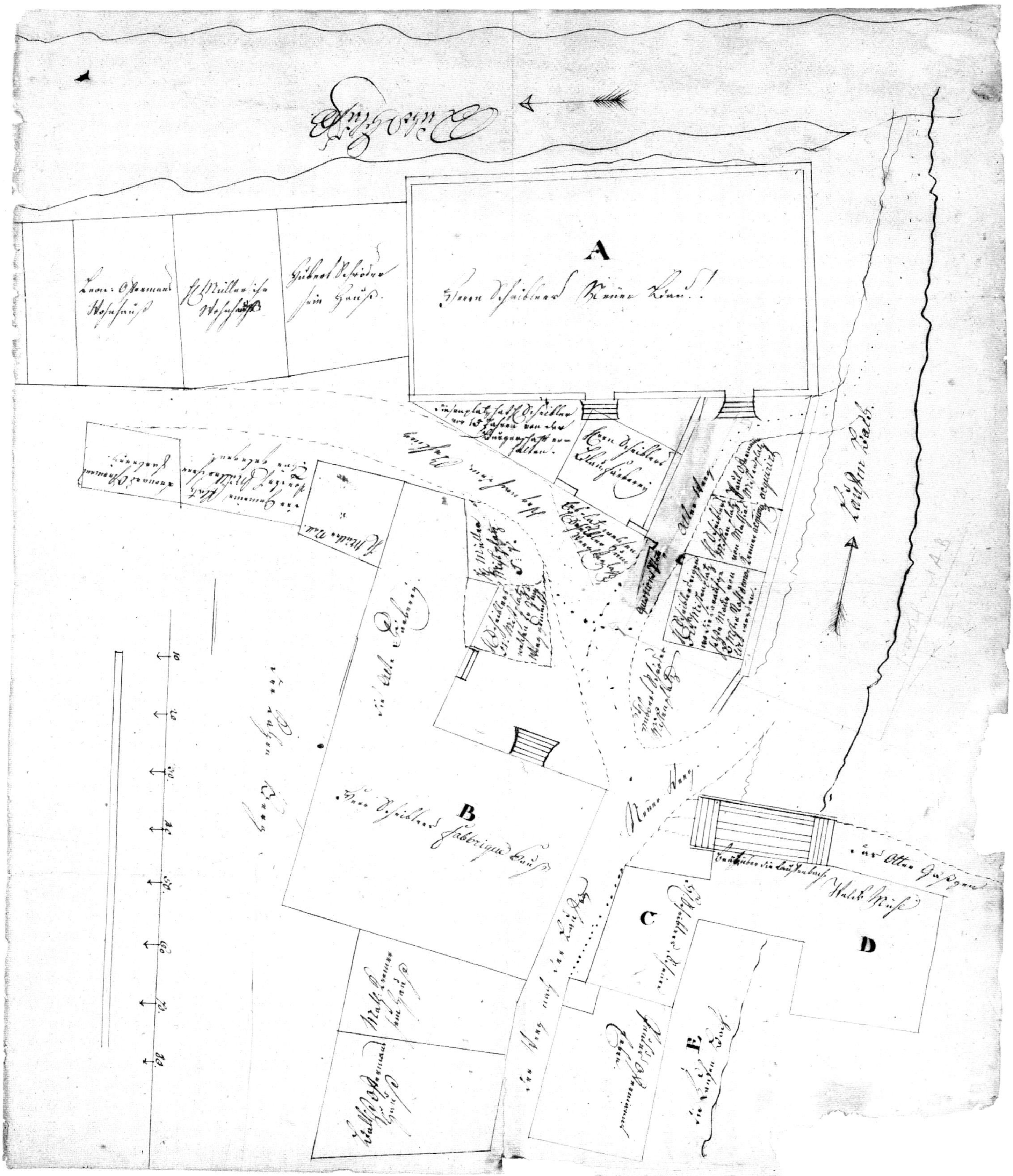

2 Wegeplan im Zusammenhang mit dem Neubau des Roten Hauses. 1752

Stadt Monschau mit dem Roten Haus. 1994 ▷

tige Persönlichkeit nicht auf einen raschen Baufortgang gedrängt hätte.

Johann Heinrich Scheiblers Söhne Johann Ernst (1731–1773) und Wilhelm (1737–1797) heirateten 1766 und bezogen die beiden Gebäudehälften, Wilhelm das Haus ›Zum goldenen Helm‹, Johann Ernst das Haus ›Zum Pelikan‹. 1777 wurde Wilhelm Scheibler Alleinbesitzer des Roten Hauses. Zwei Porträts mit seiner Gemahlin Theresia Elisabeth Böcking (1744–1812; Ft. S. 33, 88) lassen ein wenig von der kulturbewußten Lebensart dieses tüchtigen Unternehmers erahnen, der das Werk des Vaters mit neuen Ideen weiterentwickelte.

3 Eingang des Hausteils ›Zum goldenen Helm‹

Das Bauwerk

Das Rote Haus – im Mündungswinkel zwischen Laufenbach und Rur errichtet – ist ein dreigeschossiger Fachwerkbau mit Souterrain auf annähernd querrechteckigem Grundriß; die südliche Schmalseite verläuft schräg wegen des unmittelbar vorbeifließenden Laufenbachs (Abb. 11–13; Titelbild). Den drei Geschossen folgen im Dachaufbau noch zwei Giebelgeschosse unter dem eigentlichen Dachgeschoß. Die Ausgewogenheit der Architektur beruht auf bestimmten Maßverhältnissen: Die Fassade erreicht in der Breite 21 Meter; ihr entspricht die Gesamthöhe von der Oberkante des Sockels am Souterrain bis zum First. Der Bau ragt bis zum Kranzgesims 10,5 Meter auf. Genausohoch ist der völlig verschieferte Dachaufbau – ein Mansarddach mit geschweiften Traufgiebeln an allen vier Seiten – einschließlich des Kranzgesimses.[9]

Drei Schauseiten zeichnen das Bauwerk aus: Ansicht zur Laufenstraße und Ansicht zur Rur haben im Unterbau jeweils acht Fensterachsen, von denen sich die sechs mittleren in den Giebelgeschossen fortsetzen (Titelbild, Ft. S. 96). Die steil hochgeführte Schmalseite zum Laufenbach hat vier Fensterachsen; sie ziehen sich ins erste Giebelgeschoß hinein und reduzieren sich, den Rhythmus der Achsen wechselnd, auf drei Fenster im zweiten Giebelgeschoß. Die Dreieckflächen der Giebel sind ausgefüllt mit einer Dreierkomposition von Ochsenaugen, die an der Schmalseite ein Rechteckfenster, an der Straßenseite das Wappen Scheibler-Böcking umschließen. Der Aufzugsbalken in der Giebelspitze über dem Laufenbach erinnert daran, daß durch das Gewässer einst eine Furt verlief, von der aus die Rohwolle hinaufgezogen und durch das Rechteckfenster zur Lagerung in die riesigen Speicherräume des Daches eingeholt wurde.

Die Fenster des zweiten Obergeschosses sind – entsprechend der Stockwerkshöhe – niedriger als die Fenster in den Geschossen darunter. »Die Verminderung der Fensterhöhe setzt sich im Dachgeschoß fort; auf diese Weise werden Massivbau und Dachaufbau auch im Maßstab der Fensterachsen miteinander verklammert ... Die Einheit von Massivbau und Dachaufbau gehört zur Grundform dieser Architektur.«[10]

Die Fassaden bestehen aus vorgeblendetem Ziegelmauerwerk. Der Sockel ist mit Blausteinplatten verkleidet. »Der Flächencharakter der Fassaden wird durch die rhythmische Anordnung der Fenster, die den Baukörper wie ein

Netz umspannt, verstärkt; im Sprossenwerk verfeinert sich dieses Linienmuster.«[11] Die flachen stichbogigen Fenstergewände aus Blaustein – in den Giebelgeschossen aus Holz und im Blausteinton gestrichen – haben einen Keilstein mit Rocaillezier, die die Strenge des Aufrisses bewußt nur akzenthaft, aber vornehm belebt. Die Gebäudeecken sind durch gequaderte Blausteinlisenen betont.

Bringt der Größenwechsel der Fenster in die Gesamtstruktur der Fassade ein Spannungsmoment hinein, das im Gesamtaufriß keine Langeweile zuläßt, so kommt ein zweites – stärkeres – in die Straßenfront durch die Anordnung der beiden Haustüren mit einläufigen Freitreppen. Sie sind asymmetrisch angeordnet: in der vierten und siebenten Fensterachse, von links betrachtet. Auf die Haustüren konzentriert sich der Hauptschmuck der Fassade (Abb. 3): breitere Blausteingewände, reiche Rocaille-Schlußsteine mit dem Scheibler-Wappen (der steigende Widder) und Hauszeichen darüber. Hinzu kommen prächtig mit Rocaille-Ornamenten geschnitzte Haustüren und ebenso geschnitzte Oberlichter. Feingliedrige schmiedeeiserne Treppengeländer, elegant und phantasievoll in der ornamentalen Zeichnung, begleiten die Freitreppen zu den Haustüren (Abb. 4). Das Gitterwerk korrespondiert mit schmiedeeisernen Stützarmen für Fabelwesen als Wasserspeier am Kranzgesims.[12]

›Rotes Haus‹: Die Ziegelfassaden erhielten anfangs einen dünnen rötlich-ockrig eingefärbten Mörtelverputz mit einem pfirsichblütenfarbenen Kalkanstrich.[13] Fenster- und Türgewände einschließlich der Schlußsteine und die Ecklisenen waren ursprünglich nicht farbig überstrichen, sondern standen zu den Wandflächen im lichten Grau des Naturtons. Erst die Farbigkeit vollendete das Bauwerk in seiner klaren Vornehmheit. Ein zweiter Anstrich wohl noch im 18. Jahrhundert wiederholte den Pfirsichblütenton, jedoch um eine Nuance kräftiger ins Rote.[14] Die Werksteinteile verblieben weiterhin in ihrem natürlichen Grauton.

Die ungewöhnlichen Maße des Roten Hauses erklären sich aus seiner Eigenart: Es vereinigt zwei Häuser unter einem Dach. Darauf deuten am Außenbau die Hauszeichen über den Eingangstüren hin. Das Haus ›Zum goldenen Helm‹ – die vier linken Fensterachsen – ist der Wohnteil des Unternehmers, das Haus ›Zum Pelikan‹ – die vier rechten Fensterachsen – Kontorhaus und Produktionsstätte.

4 Ziergitter an einer Treppe

Der Grundriß verdeutlicht die Funktionen. Im Haus ›Zum goldenen Helm‹ nimmt hinter dem Eingang die Diele mit elf Metern Länge und vier Metern Breite die gesamte Tiefe des Erdgeschosses ein (Abb. 12). Im hinteren Drittel der Diele liegt die große Prunktreppe, die alle Stockwerke dieses Hausteils miteinander verbindet. Ihr Antritt ist axial auf den Eingang bezogen. Vier Türen, jeweils zwei symmetrisch gegenüberliegend, gliedern die Längswände der Diele. Die beiden Türen auf der linken Seite führen in Wohnräume mit Kaminen. Die Tür nächst dem Eingang rechts ist heute blind. Durch die Tür rechts neben der Treppe gelangt man ins Kontor des Hauses ›Zum Pelikan‹. Der benachbarte große Raum zur Laufenstraße ist jetzt nur vom Kontor oder vom kleinen querorientierten Treppenhaus dieses Hausteils zu erreichen. In dem breiten Mauerblock, der den straßenseitigen Raum an der Südseite begrenzt, verlief einst der Schacht, durch den die im Dachraum gelagerte Wolle in die Produktionsräume des Souterrains hinunterbefördert werden konnte.[15]

Im ersten Obergeschoß des Hauses ›Zum goldenen Helm‹ ist die Zahl der Räume erweitert durch das Kabinett über der Diele (Abb. 13). Neben der Treppe liegt die Tür zum Festsaal im Haus ›Zum Pelikan‹. Das Neben-

Johann Heinrich Scheibler
(1705–1765).
Um 1750

Maria Agnes Scheibler,
geb. Offermann (1698–1752).
Um 1750

zimmer hier ist nur vom Festsaal und vom kleinen Treppenhaus zu erreichen. Die beiden Wohnräume an der Nordseite des ›Goldenen Helm‹ entsprechen denen im Erdgeschoß. – Die Raumfolge im zweiten Obergeschoß gleicht der des ersten Obergeschosses mit Ausnahme des Festsaals.

Das Souterrain (Abb. 11) ist zugänglich von außen über einen Treppenabgang unter der Freitreppe des Hauses ›Zum goldenen Helm‹. Die Produktionsräume im Souterrain des Hauses ›Zum Pelikan‹ sind erweitert durch einen auf Säulen gewölbten Raum, der unter der südlichen Hälfte des Vorplatzes an der Laufenstraße liegt (Abb. 5). In diesen Gewölberaum wurde das Wasser des Laufenbachs für das Waschen und Färben der Wolle hereingeleitet. An der Außenwand ist noch das Einlaßgitter zu sehen. Ein Kanal – die ›Wollspüle I‹ – führt unter dem Steinboden und unter dem angrenzenden Kellerraum bis zur Innenkante der östlichen Traufmauer, um dort im rechten Winkel abzubiegen, parallel zur Traufmauer zu verlaufen und unter der alten Küche an der Nordostecke des Hauses ›Zum goldenen Helm‹ in die Rur zu entwässern.[16] Ein zweiter Kanal – die ›Wollspüle II‹ – liegt in einem Anbau aus der Zeit um 1817 an der Rurseite (Abb. 11, 117).[17] Die Mündungen beider Kanäle wurden beim Bau der jüngeren Wollspüle oder wenig später zu einer gemeinsamen, sich zum Austritt des Wassers hin verengenden Mündungsöffnung vereinigt, über die sich ein Tonnengewölbe aus Bruchstein spannt.

5 Kellerraum zum Waschen und Färben der Wolle

Kriegsschäden und Restaurierungen

Im Zweiten Weltkrieg trug das Bauwerk schwere Schäden davon. Durch deutschen Granatbeschuß geriet am 18. November 1944 der Dachstuhl in Brand (Abb. 6). Es gelang beherzten Helfern, das Feuer auf das Haus ›Zum Pelikan‹ zu begrenzen. Das Dach über dem Haus ›Zum goldenen Helm‹ blieb zum größten Teil intakt, doch war der Wasserschaden in beiden Haushälften beträchtlich. Ein Notdach aus Kistenbrettern konnte die Substanz zunächst nur unzureichend vor Regenwasser schützen; erst im Frühjahr 1945 war Dachpappe zu organisieren. Im Herbst ließ der Kommandeur des englischen Cold-Stream Garderegiments das Rote Haus mit Werkstätten belegen, Notdach und wohlerhaltene Dachhälfte abreißen und über dem ganzen Gebäude ein flaches Fabrikdach aufbringen. Die englischen Besatzungstruppen richteten größeren Schaden an, als beim Brand entstanden war.[18] 1953 war das Dach in alter Form rekonstruiert.[19]

Auch die Ausstattung hatte durch die Besatzung und die Einrichtung von Notwohnungen gelitten. 1957–1962 führte man umfangreiche Sicherungsarbeiten im Haus ›Zum Pelikan‹ durch.[20] Die Zuversicht, die wesentlichsten Schäden im Roten Haus nunmehr beseitigt zu haben, war verfrüht. Ende der sechziger Jahre zeigten sich Setzrisse im Festsaal, Schäden an der Treppe im Haus ›Zum goldenen Helm‹, Risse in der Wandbespannung des Herrenzimmers und anderes mehr. Schwerwiegend war die Neigung der Treppe im Haus ›Zum goldenen Helm‹. Ihre Verankerung hatte sich an mehreren Punkten von der Wand gelöst.

Von 1973–1980 erneuerte man das Haus ›Zum goldenen Helm‹ in seinen konstruktiven Fachwerkteilen vom Keller bis zum Dach. Stuck, Wandbespannungen und andere wandfeste Ausstattungsstücke wurden abgenommen und nach der statischen Sicherung der Bausubstanz restauriert wieder angebracht. Die Treppe erhielt eine neue Aufhängung. Am Außenbau wurden Korrekturen vorgenommen, z. B. an den Rundfenstern in den Giebeln, am Schieferdach und an der durch Untersuchungen ermittelten ursprünglichen Oberflächenstruktur der Außenwände. Zwar ließ sich die ursprüngliche Farbigkeit des Außenbaus nachweisen[21], sie konnte jedoch nicht wiederhergestellt werden.[22] Der jüngste Anstrich der Außenwände vom Frühjahr 1994 ist – verglichen mit den ältesten bekannten Farbtönen des 18. Jahrhunderts – um einige Nuancen kräftiger.

6 Brand des Roten Hauses 1944. Federzeichnung von P. Voss

Das Rote Haus architekturgeschichtlich

Der Entwurf für das Rote Haus gilt in der älteren Literatur als das Werk des Aachener Baumeisters Johann Joseph Couven (1701–1763). Paul Schoenen – bester Kenner der Couvenschen Architektur – konnte durch Stilkritik aufzeigen, daß keine Verbindungen dieses Architekten mit dem Roten Haus bestehen. Der Vergleich mit dem von Couven geprägten Aachener Bürgerhaus des Spätbarock und mit der bürgerlichen Architektur benachbarter Städte wie Eupen und Verviers läßt über allgemeine Stilformen hinaus keinen baugeschichtlichen Zusammenhang erkennen.

Eher Vergleichbares fand Schoenen in der Heimat Johann Heinrich Scheiblers, im Bergischen Land, »das in der Zeit zwischen 1750 und 1790 aus dem überlieferten Fachwerk ein ansehnliches Bürgerhaus entwickelte«.[23] Schoenen führte zwei Beispiele mit jeweils verschiedenen Merkmalen vor, die er im Roten Haus zusammengefaßt sah: das Haus Harkorten in Hagen-Haspe und das Haus Hilger in Remscheid-Hasten. Haus Harkorten von 1756/57 vertritt den Typ eines bergischen Patrizierhauses mit reichem Dachaufbau und Traufgiebel, der durch bündigen Aufbau die Fassadenfläche in das Dachgeschoß emporzieht.[24] Haus Hilger, errichtet 1778/79 für die Gebrüder Hilger, zwei Werkzeugexporteure, ist ein Doppelhaus unter einem Dach.[25]

Das Rote Haus erweist sich aber auch nach diesen Vergleichen als Individualität. Je weiter man sich umschaut, um so deutlicher wirken die Strenge und Ausgewogenheit des Gebäudes als ihm eigentümlich. »Die ausgereifte Klarheit des Baukörpers und die Flächenzeichnung erscheinen so selbstverständlich und so wenig von der akademischen Baukunst des Spätbarock beeinflußt, daß dieses Bürgerhaus nur mit seinen eigenen Maßstäben gemessen werden kann. Und doch ist diese Einfachheit alles andere als selbstverständlich.«[26]

Schoenen vermutet, daß Johann Heinrich Scheibler als energischer, eigenwilliger und gebildeter Tuchmacher »die Bauaufgabe in allen Einzelheiten klar abgefaßt hat . . ., daß dieses Haus in der Form seinem Geschmack, wenn nicht gar seinem Wesen entspricht«.[27] Dem Architekten sei wohl nur die Durcharbeitung einer Grundform geblieben, die dem Bauherrn aus der Aufgabe, der Lage und der Bauüberlieferung vorschwebte.

Der dreiparzellige Grundriß des Hauses ›Zum goldenen Helm‹ ist für Bürgerhäuser geläufig. Er findet sich in der Monschauer Bautradition ebenso wie im Bergischen Land.[28]

Gewiß kannte Scheibler die Neubauten anderer Unternehmer seiner Zeit, z. B. das Fabrikationsgebäude mit Wohnhaus des Tuchfärbers Martin Rehrmann in Eupen, 1749 von Johann Conrad Schlaun, Rehrmanns Schwiegersohn, geplant und ausgeführt nach dessen Entwurf (Abb. 7).[29] Das Bauwerk bestand aus Schwarz- und Rotfärberei in der Mitte, Blaufärberei rechts und Wohnhaus links. Die Anlage bestach durch den Wohlklang der Proportionen. Schlaun vermochte einen vorzüglichen Rhythmus durch die Anordnung der segmentbogigen Fenster, Türen und Dachgauben zu gestalten. Gequaderte Ecklisenen wie am Roten Haus hoben an der Vorderfront die durch die reicheren Dachformen betonten Bauteile hervor. Die großzügig geschnittene Wohnung des Tuchfärbers links ähnelt im Grundriß der des Hauses ›Zum golde-

Haus Troistorff
mit Blick zum Roten Haus.
1994

7 Fabrikationsgebäude mit Wohnhaus des ▷
Tuchfärbers Martin Rehrmann in Eupen.
Entwurf von J. C. Schlaun. 1749

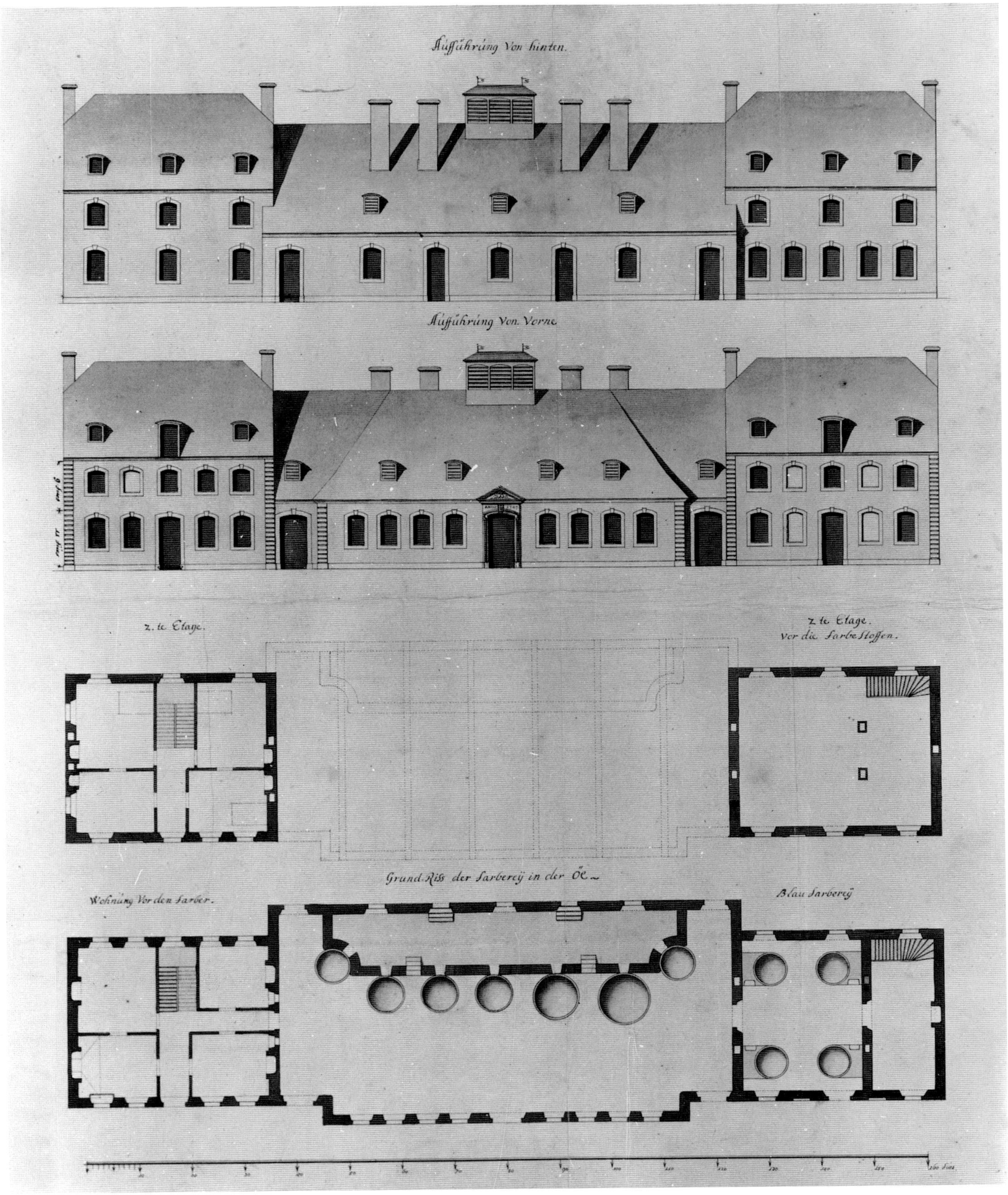

Außführung Von hinten.
Außführung Von Vorne
2. te Etage.
2. te Etage. Vor die Farbe Stoffen.
Grund-Riss der Farberey in der Öe
Wohnung Vor den Farber.
Blau Farberey

8 Das Rote Haus im Stadtbild.
Um 1965

9 Die Häuser der Scheibler-Söhne
Paul Christoph (1944 zerstört)
und Bernhard Georg

10 Das Rote Haus mit
ev. Kirche und Burg.
Um 1965

nen Helm‹: auch hier in der Mitte die Diele, die Treppe an ihrem hinteren Teil, jeweils zwei beheizbare Wohnräume neben Diele und Treppe in beiden Geschossen. Im Erdgeschoß führte ein Korridor in die große Färberei. Durch kleinere Fenster in der Wand zwischen Wohnung und Produktionsstätte konnte der Unternehmer von den Räumen beidseits des Korridors aus den Arbeitsablauf beobachten.

Scheiblers Haus wirkt gegenüber Rehrmanns Anwesen, dessen Zweckmäßigkeit und formale Ausgewogenheit an der Fassade wie in allen Einzelheiten der Raumdisposition die Meisterschaft des großen Architekten verraten, keineswegs fortschrittlich. Der Anspruch des Tuchmachers freilich ist ein anderer als der des Färbers: Scheibler kehrt den patriarchalischen Gedanken heraus und wählte deshalb für sein Haus eine Synthese der spätbarocken Bauaufgaben Stadtpalais, bürgerliche Wohnarchitektur und Fabrikationsgebäude, dem Strenge und Nüchternheit zugehören. Scheiblers Söhne hingegen trennten bei ihren eigenen Bauunternehmungen Wohnhaus und Produktionsstätte voneinander.

Das Rote Haus setzte für die städtebauliche Entwicklung Monschaus einen neuen Maßstab. Es hat aber auch Elemente der Monschauer Bautradition aufgenommen: massiver Unterbau, verschieferte Obergeschosse und breite Traufgiebel, Ausbildung von zwei Schauseiten an Eckbauten.[30] Die Wirkung des Roten Hauses im Monschauer Baugeschehen des ausgehenden 18. Jahrhunderts war beträchtlich. Bernhard Georg Edler von Scheibler (1724–1786), Johann Heinrichs ältester Sohn, erwarb in der Stadtstraße ein älteres Haus und ließ es umgestalten. Die streng gegliederte Putzfassade mit geschweiftem Giebel verrät unmittelbar den Einfluß des väterlichen Hauses in der Nachbarschaft (Abb. 9). Gleiches galt für das ehemals angrenzende Eckhaus Richter (1944 schwer beschädigt, 1945 abgebrochen), das Paul Christoph Scheibler (1726–1797), ein weiterer Sohn Johann Heinrichs, nach 1757 umbaute (Abb. 9); es war in Aufriß und Dachausbildung ebenfalls dem Roten Haus verpflichtet, ohne dessen Monumentalität zu erreichen.[31] Ein neuer, bewußt konträrer Akzent gegen das Rote Haus war das stattliche Haus Troistorff von 1783 mit seiner glänzend durchgebildeten Fassade des Louis-seize (Ft. S. 16).[32]

Die Klarheit und Strenge, die die Architektur des Roten Hauses vorgab, gingen in eine Reihe schlichter Bürgerhäuser des späten 18. Jahrhunderts ein; sie blieben aber auch spürbar in Gewerbebauten dieser Zeit und noch des 19. Jahrhunderts: Kontorgebäude Elbers im Rosental, Fabriken Paul Scheibler & Orth am Stehlings (1778, heute Kolpinghaus) und Troistorff im Wiesenthal (1809, heute Carat-Hotel).[33]

Ein Rundgang durch das Rote Haus

Öffnet sich die rocaillegeschmückte Eichentür des Hauses ›Zum goldenen Helm‹, so zieht die langgestreckte Diele den Blick in die Tiefe des Raumes auf die Prunktreppe (Ft. S. 22/23). Die Diele ist als festlich-repräsentativer Empfangsraum für die Gäste und Kunden des Tuchmachers aufwendig gestaltet: An den Wänden eine stuccolustro-artig wirkende gemalte Marmorimitation mit Sockelzone in rotgerahmter schwarzgrüner Felderteilung, die Wände mit Bleistiftquadrierung in lichtem Ockerton, graugelbrot gerahmt.[34] In starkem Kontrast dazu stehen das satte Braun der Treppe und der vier holzsichtigen Türen der Längswände sowie der Steinfußboden in grauschwarz alternierendem Karomuster. Mit der großzügig und spannungsvoll stuckierten Decke korrespondiert ein südfranzösischer Kristallüster. Prunkstück ist ein Wandspiegel mit vergoldetem, reich geschnitztem und stuckiertem Rahmen (Aachen/Lüttich um 1760/65). Das bewegte Rocaillewerk der Bekrönung schließt einen Putto mit Vogel auf der Hand und einen Flügeldrachen ein; an den unteren Ecken recken ähnliche Drachen ihre Köpfe als Halter für Kerzen empor.[35] Aus der gleichen Zeit stammt der vierbeinige ungefaßte Konsoltisch aus Eichenholz mit schöner Rocailleschnitzerei und rotweiß geäderter Marmorplatte[36] unter dem Spiegel.

Zum ursprünglichen Bestand der Raumausstattung gehören die Supraporten in Goldprofilrahmen. Dargestellt sind anmutige Puttipaare beim Spiel mit Tieren: Eichhörnchen, Schoßhund, Affe, Vogel (um 1770). Der Maler dieser vorzüglichen Bilder entwickelte die Putti mit dem Vogel (Abb. 14) in gängiger Praxis künstlerischen Verarbeitens aus dem Stich ›L'Amour oiseleur‹ von Lépicié nach einem Gemälde von François Boucher (Abb. 15).[37]

Dem Spiegel gegenüber hängen die lebensvollen Halbfigurenbildnisse Johann Heinrich Scheiblers (1705–1765) und seiner Gemahlin Maria Agnes Offermann (1698–

1752) von einem unbekannten Maler (um 1750; Ft. S. 12, 13).[38], Der Bauherr des Roten Hauses erscheint als selbstbewußte Persönlichkeit in rotem Rock, in der von einer Spitzenmanschette gerahmten Rechten einen Stock mit goldfarbenem Knauf umfassend. Die Gemahlin trägt eine Faltenhaube, kostbare Spitzen und Seidenhandschuhe – Ausdruck ihres Wohlstands.

Beim Treppenaufstieg fällt der Blick auf ausgezeichnete Halbfigurenbildnisse, gemalt von Friedrich Ludwig Hauck d. J. (1788): die Brüder Johann Wilhelm Scheibler (1714–nach 1788) mit theologischer Schrift, Brille und langer Tonpfeife (Abb. 16) und Peter Arnold Scheibler (1728–nach 1788) mit einer Stoffmusterkarte (Abb. 17). Beide waren Vettern Johann Heinrich Scheiblers.[39]

Links vom Eingang liegt der originellste Raum des Roten Hauses: das Herrenzimmer (Ft. S. 26/27). Es ist ausgestattet mit einer Wandbespannung, zusammengesetzt aus Leinwandbahnen, auf die 73 Bilder einschließlich der Rahmen samt Aufhängung und Nagel illusionistisch gemalt sind, nach Art eines Bilderkabinetts geordnet. Auf grünem, jetzt erneuertem Fond wechseln Genreszenen ab mit Bildnissen, Landschaften im Stil niederländischer Maler des 17. Jahrhunderts mit Reiterstücken und Blumenstilleben oder Tierbildern. Als Vorlagen sind Kupferstiche oder andere druckgraphische Blätter zu vermuten; bislang ist aber nur eine einzige Darstellung als Nachbildung eines berühmten Kunstwerks identifiziert: Tizians ›Danaë und der Goldregen‹, Museo Nazionale di Capodimonte, Neapel. Danaë, der sich Zeus in Gestalt eines Goldregens nähert, erscheint im Herrenzimmer gegenüber Tizians Vorbild in seitenverkehrter Wiedergabe als Supraporte (Abb. 18).

Herkunft und Datierung des Gemäldezyklus sind umstritten. Wilhelm Scheibler soll die Wandbespannung in einer Pariser Werkstatt erworben haben, nachdem der Auftraggeber, ein polnischer Graf, in Geldnöte geraten war.[40] Sicher ist, daß die Bilderfolge nicht zur Erstausstattung des Raumes gehört.[41] 1780 kaufte Wilhelm Scheibler das kleine Nachbarhaus der Familie Schröder auf dem Stehlings[42] und verband es mit dem Roten Haus durch einen Türdurchbruch vom Herrenzimmer aus. Beim Verkauf des Nebenhauses 1823[43] dürfte die Tür wieder vermauert worden sein; erst danach ist die Anbringung der Bespannung in jetziger Form denkbar. Die gemalten Rahmen der großen Bilder sind im Stil Louis-seize gehalten und deuten auf eine Entstehung der Wanddekoration im

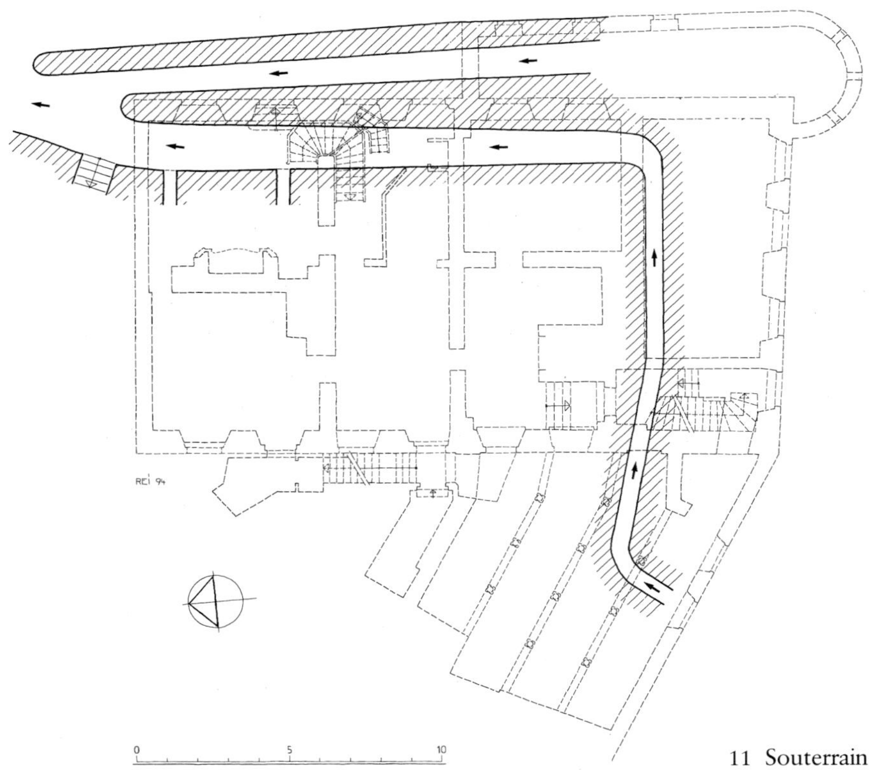

11 Souterrain

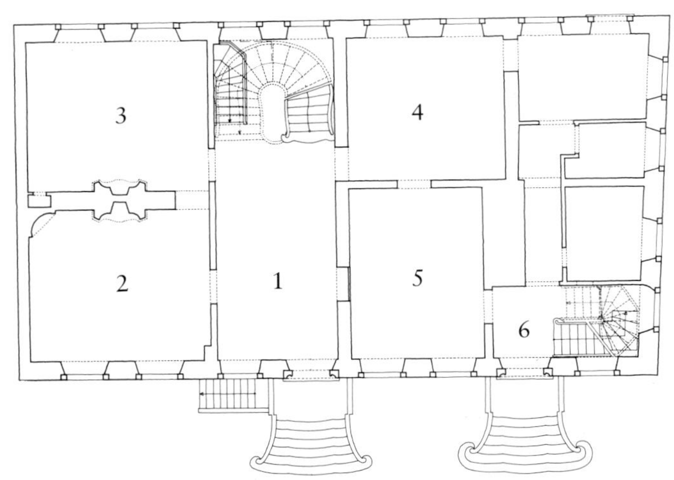

12 Erdgeschoß

1 Diele mit Treppe
2 Herrenzimmer
3 Eßzimmer
4 Kontor
5 Vorraum
6 Treppenhaus

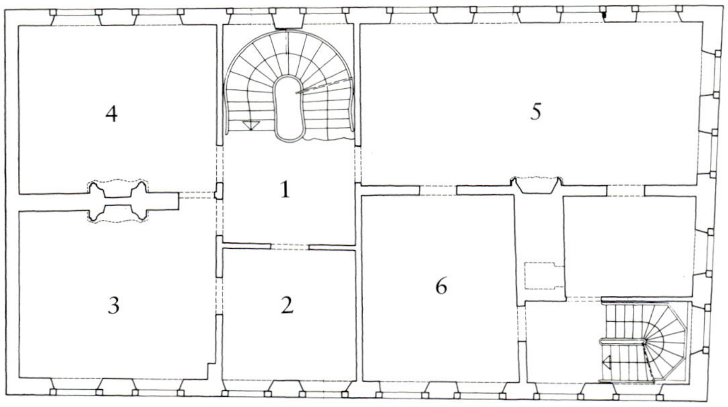

13 Erster Stock

1 Diele mit Treppe
2 Kabinett
3 Gelbes Zimmer
4 Blauer Salon
5 Festsaal
6 Salon

Diele im Haus ›Zum goldenen Helm‹
mit Prunktreppe und Durchblick ins Eßzimmer

14 Supraporte in der Diele

15 Stich von Lépicié nach François Boucher

letzten Viertel des 18. Jahrhunderts hin. – Schreibtisch- und Sesselgarnitur sind ausgezeichnete Arbeiten der Kölner Pallenberg-Werkstatt von 1909 in barockisierenden Formen.

Das rurseitig gelegene Eßzimmer (Ft. S. 30/31) gibt mit seinen Möbeln im Louis-seize – zwei paarig angeordnete Vitrineneckschränke mit Blumenkorbbekrönung und ein Vitrinenaufbauschrank mit Vasenbekrönung aus der Lütticher Gegend[44] ragen hervor – einen Begriff von der Wohnkultur am Ende des 18. Jahrhunderts. Auch der Holzsockel, eine Anrichte und die Tür des Speiseaufzugs von der Küche im Souterrain aus zeigen Ornamentschnitzerei der Zeit um 1780. Aus der Vollendungszeit des Roten Hauses stammt die Bodenstanduhr mit Rocaillereliefdekor zwischen den beiden Fenstern; auf dem Zifferblatt liest man die Bezeichnung: »J. C. Beck a Eupen 1769«.[45] – Eine grüngrundig gemalte Wandbespannung mit Blumenmotiven nach den 1909 gefundenen Wandbespannungsresten der Zeit um 1770 im Herrenzimmer, ein prächtiger Marmorkamin des späten Rokoko und Bildnisse der Familie Scheibler vollenden das Raumbild. Porträtiert in Kopien wohl des späten 19. Jahrhunderts sind: Wilhelm Scheibler (1737–1797) und seine Gemahlin Theresia Elisabeth Böcking (1744–1812), Johann Ernst Scheibler (1731–1773) und seine Gemahlin Johanna Maria Lausberg (gest. 1801), Arnold Christian Scheibler (1745–1824) und Bernhard Paul von Scheibler (1758–1805).

In den Kontorräumen auf der anderen Seite der Diele im Haus ›Zum Pelikan‹ wurden die Handelsgeschäfte abgewickelt. Ausgestellt sind u. a. im rurseitigen Raum ein Wareneingangs- und Farbrezeptbuch mit Wollproben (1834 ff.; Ft. S. 102/103)[46], ferner die Stoffmuster-Rollkartenmappe der Firma ›Jean Henry Scheibler & Fils a Monjoye‹ (um 1810; Ft. S. 119)[47] und das große Stoffmusterbuch, das alle von 1735–1810 fabrizierten Tuche der Monschauer Feinen Gewandschaft enthält (Ft. S. 106/107). Es wurde auf Anordnung des französischen Präfekten des Roerdepartements für die Aachener Gewerbeausstellung 1813 angefertigt.[48] Farbenfrische und Formenreichtum der Stoffe faszinieren noch heute. – Den Raum beherrscht ein mächtiger Vitrinenaufbauschrank aus mittelbrauner Eiche mit Schweifgiebel und Rocailleschmuck (Aachen um 1765)[49], angeblich für die alte Küche des Roten Hauses angefertigt (Ft. S. 83). Heute birgt er u. a. Steingutgeschirr in erstaunlicher Stückzahl mit dem Familienwappen Scheibler-von Mallinckrodt.

16/17 Johann Wilhelm Scheibler und Peter Arnold Scheibler. Gemälde von F. L. Hauck d. J. 1788

Im Vorraum ist der elegante einsitzige Pferdeschlitten mit rückseitigem Kutschbock (um 1780/90) aus dem Besitz Wilhelm Scheiblers zu bewundern (Abb. 19). Er benutzte das aus Eichenholz gearbeitete Gefährt für winterliche Ausfahrten zur Jagd. Die prachtvolle Ornamentschnitzerei im Louis-seize gipfelt über dem aufgebogenen Fußteil der Sitzgondel in einem bewegt geformten Flügeldrachen.[50] – An die Jagdbegeisterung Wilhelm Scheiblers erinnert auch der hohe Eichenholzschrank (um 1780) mit sechs Fronttüren und Seitentüren, hinter denen sich Jagdgewehrhaken verbergen. Eine Kartusche in der geschweiften Bekrönung zeigt die Initialen W S.[51] – Den Schrank flankieren zwei künstlerisch kostbare Gemälde: ›Parkallee mit bekränzter Vase‹ und ›Parkterrasse mit Herkulesstatue‹, um 1760 als Pendantkompositionen von dem Amsterdamer Maler Jan van Kessel geschaffen.[52]

Im ersten Stock beider Hausteile liegen die Wohn- und Festräume der Familie Scheibler. Die Treppe des Hauses ›Zum goldenen Helm‹ führt zu einer kleinen Diele (Ft. S. 80/81), von der aus sich Türen zum Kabinett, zum Gelben Zimmer, zum Blauen Salon und zum Festsaal im Haus ›Zum Pelikan‹ öffnen. Für die Türen zu den drei letztgenannten Räumen malte Sophie Meyer – Stilleben-, Genre- und Landschaftsmalerin in Düsseldorf – 1911 Supraporten mit galanten Begegnungen im Park in Anlehnung an Motive der Zeit um 1770. Die Bilder lassen sich als Jahreszeitenallegorien interpretieren: Frühling, Sommer, Herbst.

Der Festsaal (Ft. S. 86/87) für Familienfeiern und abendliche Musik bei Kerzenschein der Wandappliken wirkt nobel durch die Fensterfront zur Rur und zum Laufenbach, durch eine schöne Stuckdecke mit reich bewegten Eckmotiven (heute größtenteils erneuert), einem edel geformten Marmorkamin des späten Rokoko und einem Parkettfußboden mit feiner Einlegearbeit, den ein farblich zauberhafter Aubusson-Teppich (um 1780/90)[53] deckt. – Die Polstersitzgarnitur (um 1790) stammt aus dem Besitz Friedrich Jacob Scheiblers, einem Sohn Wilhelm Scheiblers.[54] – Der Hausherr Wilhelm Scheibler mit seiner Gemahlin Theresia Elisabeth Böcking, die kleine Tochter

18 ›Danaë und der Goldregen‹. Supraporte im Herrenzimmer

Herrenzimmer mit bemalter Wandbespannung

19 Prunkschlitten aus dem Besitz von Wilhelm Scheibler. Um 1780/90

Maria Henriette (geb. 1767) auf dem Schoß, begegnen auf einem lebensgroßen Dreiviertelfigurenporträt (um 1768; Ft. S. 33). Säulenstaffagen, Draperie und Konsoltisch im Hintergrund sind Motive des fürstlichen Repräsentationsbildes[55], die der Unternehmer nun für sich als Attribute seines durch Tüchtigkeit geadelten Standes beansprucht. Wilhelm Scheibler, den Arm auf den Sessel seiner Gemahlin gestützt, den Dreispitz auf dem Kopf, dominiert nicht nur körperlich, sondern auch durch das Blau und den Goldbesatz seiner Seidenkleidung. Theresia Elisabeth ist die elegante Dame des späten Rokoko mit spitzenumrahmtem Dekolleté und rosengeschmücktem Strohhut. Die Wohlhabenheit der Familie hat auch die Tochter auszudrücken, indem sie eine Silberrassel in der Hand hält.

Im Salon zum Festsaal findet sich das seltene Beispiel eines Vitrinenschranks (Aachen/Lüttich um 1780) mit eingebauter Pendeluhr samt Sekundenzeiger (Abb. 20). Die Zierschnitzereien zeigen noch Spätformen der Rokokoornamentik, aber auch bereits Zierformen des Louisseize.[56] – Eine Sitzgarnitur gleicher Stilstufe mit Aubusson-Bezügen – darauf Figuren, Tiergruppen und Jagdszenen – nimmt dem Raum etwas von seiner Nüchternheit.

20 Vitrinenschrank
mit eingebauter
Pendeluhr.
Um 1780

Eßzimmer

21/22 Bernhard Georg Edler von Scheibler und seine Gemahlin Clara Maria, geb. Moll. Um 1770
23/24 Johann Heinrich und Friedrich Jacob, zwei Söhne Wilhelm Scheiblers. Um 1780

Wilhelm Scheibler und seine Gemahlin Theresia Elisabeth, geb. Böcking, mit ihrer Tocher Maria Henriette. Um 1768 (vgl. Ft. S. 86/87)

Der Blaue Salon (Ft. S. 80/81) wartet mit einer Sitzmöbelgruppe aus Sofa und Sesseln um den Tisch und Stühlen auf. Ein über Eck gestellter Aachener Rokokovitrinenschrank mit Schweifgiebel und eine an der Vorderfront gerundete Lütticher Eckvitrine des Louis-seize mit geradem Abschlußgesims vervollständigen das Möbelensemble. – Über dem Kaminspiegel ist ein vorzügliches Grisaille-Gemälde, Öl auf Leinwand (um 1770/80), angebracht, das die Illusion eines Steinreliefs vermittelt (Abb. 25). Dargestellt sind vier Putti beim Vogelfang. Es ist eine genaue Umsetzung des Stichs ›L'Amour oiseleur‹ von Lépicié nach dem Gemälde von François Boucher (Abb. 15), der auch für eine Supraporte der Erdgeschoßdiele Vorlage war. Zusammen mit einem anderen ähnlichen Grisaillebild im Gelben Zimmer fand sich diese Darstellung 1909 unter der Wandbespannung mit den illusionistisch gemalten Bildern im Herrenzimmer.[57] – Beherrschend im Raum das Doppelbildnis Wilhelm Scheiblers mit seiner Gemahlin Theresia Elisabeth Böcking (um 1780, Ft. S. 88).[58] Verglichen mit dem Bild im Festsaal erscheinen die Eheleute in reiferem Alter. Beide geben sich dem Kaffeegenuß hin, damals ein Modegetränk. Der Hausherr, gekleidet mit Weste und Überrock aus gleichem weinroten Wollstoff wendet sich aus dem Halbprofil dem Betrachter zu und rührt den Kaffee in einem Porzellankoppchen in seiner Linken. Die Hausherrin sitzt in vornehmem rosafarbenen Seidenmiederkleid am kostbar geschmückten Tisch mit Marmorplatte und schenkt sich aus silberner Kanne Kaffee ein. In einer Silberschale steht Rohrzucker bereit. Aus dem Bildnis spricht das weltmännisch Überlegene des erfolgreichen Unternehmers und Kaufmanns. – Das Doppelbildnis ist flankiert von den Ovalporträts Bernhard Georgs Edler von Scheibler und seiner Gemahlin Clara Maria Moll (um 1770; Abb. 21/22), Besitzer eines der Scheiblerschen Gärten auf dem anderen Ufer der Rur. – Drei Kinderbildnisse stellen Söhne Wilhelm Scheiblers dar, die mit einer großen Geschwisterschar das Rote Haus mit Leben erfüllten: Ernst Scheibler (1769–1822) in prächtig gestickter Seidenweste und blauem Rock, Friedrich Jacob Scheibler (1774–1834) mit Jagdhund (Abb. 24) und Johann Heinrich Scheibler (1777–1837) mit Spielvogel am Bindfaden (Abb. 23).

Im benachbarten Gelben Zimmer (Abb. 31) ist über dem Kamin ein weiteres Grisaillebild mit Putti (um 1770/80) gleicher Herkunft wie das im Blauen Salon zu finden (Abb. 26); eine Stichvorlage ist bislang nicht nachgewiesen. – Hauptausstattungsstück ist der zweitürige Leinwandschrank (um 1766) mit dem Familienwappen Scheibler-Böcking (Abb. 31, 103); er gehört demnach zum ältesten Inventar des Hauses.[59] Die ausgewogene Gewichtung von Flächen und Rocailleschnitzereien erweist den künstlerischen Rang des Möbels. Es soll nach einem Klebezettel auf der Innenseite der linken Tür von Lütticher Künstlern gefertigt worden sein, zeigt jedoch auch Stilmerkmale Aachener Möbelkunst. Stilistisch besteht Verwandtschaft zu den Schnitzereien der Treppen.

Zu den schönsten Räumen des Roten Hauses zählt das Kabinett (Ft. S. 36/37). Bevor man es aus der kleinen Diele betritt, fällt der Blick auf die Supraporte (Ft. S. 80/81): Im Schatten eines Baumstumpfes lagert ein Gärtnerjunge mit einer Harke und reibt sich den Schlaf aus den Augen. Links als Pendant zum Baum eine Prunkvase. Blütengirlande und herabhängender Blütenkorb vor dem Himmelsblau bereiten die heitere Stimmung vor, die den Betrachter im Kabinett umfängt. Es ist Blumenzimmer und Jagdkabinett zugleich.

Die Wände haben eine Leinwandbespannung mit gemalten Bildfeldern in der heiteren Art des ausgehenden Rokoko (um 1770). Monumentale Rocaillearchitekturen mit Blütenkörben, blumenbestückten Vasen und Gartengerät vor einer Waldlandschaft bilden eine vordere Bildebene. Um die gemalten Rahmenleisten der Bildfelder ranken sich zarte Blütenzweige, und von der oberen Leiste fallen Blütengirlanden herab. Schmetterlinge beleben den Himmelsgrund. Die Rocaillearchitekturen geben nicht nur den Blick in den Waldgrund frei, sie sind auch Rahmen für Tiere wie Wildkatze, Hahn, Stöberhund, eine Raubkatze (Tiger, Leopard und Hund in einem) und einen Hühnerhund mit Storchschnabel. Die Riesenkartusche an der Südwand umschließt das Grisaillebild eines Mannes mit Dreispitz und einem Wassergefäß für Fische, dessen Inhalt sich über den Kartuschenrand in einen Teich ergießt.

Der Maler entwickelte die Kartusche nach dem ersten Blatt der Folge VIII ›Cartouches Modernes avec des diferentes Figures‹ (um 1755) von Johann Esaias Nilson (Abb. 27).[60] Statt des flanierenden Paares im Stich erscheint im Rahmenwerk der wohldressierte Hühnerhund mit Storchschnabel[61] – seitenverkehrt übertragen – aus dem Stich ›Hüener Faenger mit dem hüener Hund‹ von Martin Elias Ridinger nach einer Zeichnung seines Vaters Johann Elias Ridinger (Abb. 29).[62] Auch die Raub-

25 Kaminbild im Blauen Salon

26 Kaminbild im Gelben Zimmer

Kabinett mit bemalter Wandbespannung

27/28 Stichvorlagen von J. E. Nilson für die bemalte Wandbespannung des Kabinetts. Um 1755

katze mit dem Hundekopf geht auf eine Vorlage Johann Elias Ridingers zurück.[63] Die Vorlage für die durchbrochene Rocaillearchitektur auf einem Sockel als Träger einer Prunkvase rechts neben der Tür findet sich in einer anderen Stichfolge Nilsons (Abb. 28).[64] Aus demselben Stich ist die Prunkvase auf der Supraporte der kleinen Diele in Malerei übertragen (Ft. S. 80/81).

Die qualitätvoll geschnitzten Sockelpaneele zeigen Arrangements aus Kriegsutensilien und Musikinstrumente in phantasievoller Komposition und erstaunlicher Artenfülle. Diese Bildhauerarbeiten gehören nach denen der Treppen zum Besten ihrer Art im Roten Haus.

Im zweiten Stockwerk liegen vier Schlafzimmer.

Das Böcking-Zimmer im Haus ›Zum Pelikan‹ hat seinen Namen nach den Pastellbildnissen des Ehepaars Böcking, den Eltern Theresia Elisabeth Scheiblers, über einem Eichenholzbett des späten 18. Jahrhunderts mit markant geschweiftem Kopf- und Fußteil (Abb. 34).[65]

Das kleine Grüne Schlafzimmer (Abb. 32) zur Laufenstraße wartet mit einem breiten Eichenholzbett, Kinderwiege und flachgeschnitztem Kleiderschrank (um 1780) auf. Besonderer Schmuck ist zwischen den Fenstern über dem Bett eine Landschaftsvedute mit Schäferszene in gemalter Rocaillerahmung mit Blütengirlanden (um 1770), vielleicht ehemals eine Supraporte.[66]

Im sog. Eifel-Schlafzimmer (Abb. 33) finden sich Doppelbetten unter Pastellporträts des späten 18. Jahrhunderts. Beigestellt sind ein Aachener Kleiderschrank des späten Rokoko, eine prächtige Lütticher Kommode des Louis-seize, ein Kinderstuhl, ein Spielzeugpferd, eine messinggetriebene Bettwärmepfanne mit langem Stiel und ein Bidet mit blaugeblümtem Porzellaneinsatz.

Das Empirezimmer (Ft. S. 91) vermittelt einen Eindruck vom Wohnstil des frühen 19. Jahrhunderts. Das Bett unter drapiertem Baldachin ist flankiert von Säulenkommoden. Die übrige Ausstattung besteht aus einer Kommode mit Waschgarnitur à la chinoise, einem Standspiegel und einem Sitzbereich, dazu Porträts der Familie Scheibler an den Wänden. Die Möbel mit poliertem Pyramidenmahagonifurnier und goldbronzierten Beschlägen stammen aus kölnischem Familienerbe Schaaffhausen-Deichmann.

Viel bewundert ist die Küche im Souterrain (Ft. S. 40/41). Ein übermannshoher Blausteinkamin des späten Rokoko und eine holzgeschnitzte farbig gefaßte Blumengirlande darüber dominieren im Raumbild. Die Ofen-

29 Stichvorlage für den Hühnerhund mit Storchschnabel

30 Ofenplatte mit dem Scheiblerschen Wappen in der Küche

Küche ▷

31 Gelbes Zimmer

32 Grünes Schlafzimmer

33 Eifel-Schlafzimmer

34 Böcking-Zimmer

platte des Kamins, 1677 datiert, trägt das Scheibler-Wappen mit dem steigenden Widder, das beim Guß wohl in den vorhandenen Rahmen eingefügt wurde (Abb. 30). Das Mobiliar ist zweckentsprechend schlicht. Besonderheiten sind eine Spindelpresse für glatte Wäsche und ein gußeiserner Kastenofen des 17. Jahrhunderts mit biblischen Szenen.[67] Irdenware, Steingut, Porzellan, vor allem aber die Fülle an blitzenden Messing- und Kupfergefäßen entzücken das Auge.

Die Treppe im Haus ›Zum goldenen Helm‹

Die Treppe mit eingestemmten Stufen ist ganz in Eichenholz gearbeitet und führt in ovalem Lauf durch die drei Stockwerke, wobei sie in der Diele zwei Fenster überschneidet (Ft. S. 22/23, 45). »Im Gegenlicht zeichnen sich die durchbrochenen Muster des Geländers ab, das die spiralförmigen Züge der Wangen begleitet und die Konstruktion in ein leicht beschwingtes Formenspiel überleitet. Erst in der Nähe entwirren sich die Muster und Bilder ... Die weich profilierten Geländer und Wangen, die das konstruktive Gerüst bilden, ziehen sich in ausgreifenden Kurven empor, ohne daß wir die Grundform der Bewegung zugleich erfassen. Erst beim Aufsteigen entfaltet sich die Spirale, welche die Treppe in freischwebendem Lauf von Stockwerk zu Stockwerk um ein seitlich eingedrücktes, langrundes Auge beschreibt. Die Rundung der Schmalseite schneidet in die Podeste der Stockwerke ein. Die Bewegungskurven werden von den Handläufen nachgezeichnet; diese rollen sich an den Treppenabsätzen ein, wo sie im Schnitzwerk mit neuer Spannkraft aufgeladen werden. Die Pfosten werden von der Rocaillezier, die sich in den Klammern der breiten Wangenprofile fortsetzt, aufgezehrt. Zwischen die Pfosten sind Bildkartuschen eingesetzt, deren aufflatternde Rahmen sich in dem Ornamentwerk der Pfosten verfangen, so daß die Konstruktion von der Schnitzerei verdeckt wird. Das bauliche Gefüge ist ein Meisterwerk der Holzstatik; seiner spielerischen Sicherheit verdankt die Treppenführung ihre organische Spannung und Eleganz. In den Formenstrom können wir keinen Einschnitt setzen; er rollt vom Treppenanfänger bis zum oberen Auslauf in einem Zuge ab.«[68]

Prägendes Ornamentmotiv ist die Rocaille: Die Geländer werden zu einem unerschöpflichen Gewoge aus C- und S-Formen, aus Akanthusblättern und lappiger, schäumender Materie. Nirgendwo kommt das Auge zur Ruhe, überall üppig wucherndes und wogendes Formenleben, phantasievoll und von überraschender Schnitzqualität. Die Rocaillen umspielen 45 Bildkartuschen mit Puttidarstellungen – die eigentliche Besonderheit der Treppe –, die auf den ersten Blick aber ebenfalls keine Ruhepunkte für den Betrachter sind. »Die ganze Treppe wird zum Ornament und mündet in die letztmögliche Auflösung, die eine tektonische Form erfahren konnte. Aus dem Fluß der Zierformen entwickelt das lockere Rahmenwerk der Puttibilder immer neue Abwandlungen. Es dürfte kaum gelingen, in dem doch übersichtlichen Bestand an Ziermotiven die Wiederholung eines ganzen Ornaments zu finden. Die aufgelockerten Rahmen der Kartuschen sind durchsichtig wie gewachsenes Rankenwerk.«[69]

Gerade Linien haben nur die Stufen. Ihre vertikalen Unterseiten aber kann das Rokoko nicht als leere Flächen dulden; sie sind belebt durch Füllungen aus Zierleisten in Verbindung mit üppigen Rocaillen an den Schmalseiten und zierlichen Einschwüngen in Verbindung mit akzenthaft gesetztem Ornamentwerk in der Mitte.

Leichtigkeit und Beschwingtheit teilen sich nicht nur dem Auge mit, sondern der Treppenbenutzer spürt sie am ganzen Körper: »Die niedrigen Stufen geben dem Schritt ein bequemes Maß, das zum Verweilen und zur Betrachtung der bilderreichen Zier auffordert. Beim Absteigen gleitet das weich geformte Geländer schmeichelnd durch die Hand und läßt sie die Schweifung der Treppe bereitwillig nachvollziehen. Die Körperbewegungen werden von dem mit organischem Leben erfüllten Zierwerk begleitet und bestätigt.«[70]

Die Bildkartuschen

Die 45 Reliefs auf den Kartuschen der Geländer vor flachem Hintergrund meist ohne Raumperspektive sind zu Themengruppen geordnet. Auf dem inneren Geländer erscheinen in jeweils doppelseitiger Ausführung die vier Jahreszeiten, die vier Tageszeiten und die vier Elemente, jeweils auf die einzelnen Stockwerke der Treppe verteilt. Diese Zyklen haben eine alte Bildtradition; in der Kunst des Barock und des Rokoko gehören sie zu den geläufigsten Themen. Sie finden sich vor allem in der Raumausstattung von Schlössern und Herrensitzen und bezeichnen in zyklischer oder korrespondierender Anordnung die Gesamtheit des Kosmos.[71] Ob dieser Gedanke hier bei der

Blick durch das ›Auge‹ der Prunktreppe ▷
im Haus ›Zum goldenen Helm‹

35 ›L'Amour vendageur‹. Stich von Lépicié nach François Boucher. Vorlage für die Putti von Abb. 36 u. 37

Übernahme ins bürgerliche Milieu noch eine Rolle spielte, muß offen bleiben.

Auf der Innenseite des äußeren Geländers – gleichsam auf der Hauptschauseite, die beim Auf- wie beim Abstieg sogleich die Blicke auf sich zieht – werden in 21 Szenen die Hauptvorgänge der Tuchherstellung gezeigt, ebenfalls in drei thematisch geschlossenen Gruppen zu je sieben Szenen, übertragen auf die drei Stockwerke: Arbeitsschritte der Spinnerei, der Weberei und der Tuchveredelung bis zum Versand. »Die Wahl gerade dieser Thematik für die beste Schauseite der Treppe im Haus ›Zum goldenen Helm‹ unterstreicht den am ganzen Hauskomplex nicht zu übersehenden Willen der Erbauer nicht nur zur Funktionalität, sondern ebenso zur Repräsentation. Auch ist es sicher nicht rein spekulativ, wenn vorausgesetzt wird, daß die Auftraggeber mit kritischem Blick die einzelnen Bildmotive wahrgenommen und in Bezug zur Realität gesetzt haben.«[72] In diesem Sinne dürfen sie auch heute gesehen und interpretiert werden.

Alle Vorgänge und Szenen werden in barocker Manier von Putti vorgespielt. Als Standfläche dient eine unspezifisch ausgefurchte Andeutung eines Bodens, die gelegentlich auch Wasser darstellen kann. Die Freude am kindlichen Tun der Putti und an ihrer prallen athletischen Körperlichkeit ist hier genauso zu spüren wie bei den Puttidarstellungen in der Sakralkunst und in den Schlössern des Adels jener Zeit. »Nicht nur in die Welt der Kinder führen uns die Putten. Sie sind Begleiter der Großen, der Heiligen und der Helden, und sie selber können große Inhalte darstellen ... Sie können alles tun, was auf der Welt getan wird, und doch ist ihr Tun immer das Gleiche, immer spielende Urbewegung. Je bestimmter ihr Tun ist, um so mehr ist es nur eine Rolle, die sie spielen.«[73] Wie in der Rocaille, jener nichts und alles darstellenden Ornamentform, verkörpert sich auch im Putto die Laune des Rokoko. Beschwingtes Spiel und Bedeutungsschwere sind für diese Zeit keine Gegensätze.

36 Frühling

37 Frühling

Die Jahreszeiten
(unterer Treppenlauf, inneres Geländer)

Der Frühling (Abb. 36, 37)
Die Innenkartusche zeigt einen sitzenden Putto mit einer Blüte in den Händen. Auf der Außenkartusche ist ein Putto dargestellt, der sich auf einer Blütengirlande niedergelassen hat, als wolle er sie als Schaukel benutzen. Beide Putti sind aus dem rechten Putto mit der Weintraube im Stich ›L'Amour vendangeur‹ von Lépicié nach einem Gemälde von François Boucher (Abb. 35) entwickelt.[74]

38 Sommer

39 Herbst

40 Winter

41 Winter

Der Sommer (Abb. 38)
Auf der Innen- und Außenkartusche erscheint nahezu der gleiche stehende Putto mit einer Getreidegarbe in den Händen. Im Hintergrund wogen noch Ähren auf dem Feld.

Der Herbst (Abb. 39)
Ein stehender Putto mit Weintrauben in den Händen; er kehrt auf der Außenkartusche im Spiegelsinn zur Darstellung auf der Innenkartusche wieder. Diese Szenen wurden 1950 durch den Bildhauer Freischmidt, Aachen, nach Kriegsverlust erneuert.

Der Winter (Abb. 40, 41)
Auf der Innenkartusche spaltet ein Putto Holz mit dem Keil; auf der Außenkartusche schleppt ein weiterer Putto ein Holzbündel auf dem Rücken. Kahle Baumstümpfe füllen den Hintergrund.

Die Tageszeiten
(mittlerer Treppenlauf, inneres Geländer)

Die Szenen folgen in nahezu allen Einzelheiten einem Stichzyklus der Tageszeiten von Johann Georg Hertel (Augsburg) nach Vorlagen von Johann Gottfried Haid (gegen 1750; Abb. 42–45).[75]

Der Morgen (Abb. 46)
Ein soeben auf seinem Lager erwachter Putto erhebt einen Arm gegen die Sonne und schirmt sein Gesicht gegen ihre Strahlen ab. Die Sonne erscheint reizvoll über Wolken mit vollrundem Gesicht. Zu Füßen des Puttos öffnet sich im Morgenlicht eine Muschel und gibt eine Perle frei. Die gleiche Szene auf der Außenkartusche als Spiegelbild.

Der Mittag (Abb. 47)
Ein zur Mittagsmahlzeit auf einer Bodenschwelle lagernder Putto hält seinen dampfenden Löffel in die Höhe, damit das Pausbackengesicht des Windes die Speise mit seinem Blasestrahl abkühlt. Mit der andern Hand umfaßt der Putto eine gefüllte Schüssel. Zu seinen Füßen eine große Schenkkanne. Die gleiche Szene auf der Außenkartusche. Von der großen phantastischen Rocaille des Stichs (Abb. 43) setzte der Schnitzer an der Innenkartusche den federartigen Besatz unten und am linken Rand in Schnitzwerk um.

Der Abend (Abb. 48)
Ihn verkörpert ein ausruhender Putto mit Angelrute. Zu seinen Füßen ein Behälter zum Aufbewahren gefangener Fische. Die gleiche Szene spiegelbildlich auf der Außenkartusche.

Die Nacht (Abb. 49)
Ein Putto ruht, den Kopf auf die Rechte gestützt, unter einem strandkorbartigen Baldachin, der sich – wie in der Stichvorlage – aus Rocaillen erhebt. Auf dem Baldachin kauert eine Maus. Neben dem Baldachin ein Standspiegel und eine Kerze, rechts ein kleines Himmelbett, aus der Draperie am rechten Kartuschenrand des Stichs entwickelt. Die gleiche Szene spiegelbildlich auf der Außenkartusche; hier aber fehlt die Maus.

Die Elemente
(oberer Treppenlauf, inneres Geländer)

Die Luft (Abb. 50)
Ein Putto sitzt neben einem Baum, den er mit einer Hand umfaßt. In der anderen Hand hält er einen fliegenden Drachen in Herzform an der Leine. Die gleiche Szene spiegelbildlich auf der Außenkartusche.

Die Erde (Abb. 51)
Ein Putto gräbt mit dem Spaten in kraftvollen Stößen die Erde um. Die gleiche Szene spiegelbildlich auf der Außenkartusche.

Das Wasser (Abb. 52)
Ein Putto schwimmt in bewegter Flut, die seine dralle Körperform hervormodelliert. Die gleiche Szene spiegelbildlich auf der Außankartusche.

Das Feuer (Abb. 53)
Ein Putto flieht vor dem Feuer, das ein Haus mit kleinem Nebengebäude erfaßt hat. Aus allen Fenstern und aus dem Dach des Haupthauses züngeln die Flammen. Die gleiche Szene spiegelbildlich auf der Außenkartusche.

42–45 Stichvorlage von J. G. Hertel nach J. G. Haid für den Tageszeitenzyklus der Prunktreppe. Gegen 1750

46 Morgen

47 Mittag

48 Abend

49 Nacht

50 Luft

51 Erde

52 Wasser

53 Feuer

Die Arbeitsschritte der Spinnerei
(unterer Treppenlauf, äußeres Geländer)

Die Wolle (Abb. 54)
Dargestellt ist ein Putto mit Schäferschaufel in der Hand, einem Bündel auf dem Rücken und mit einem Hund beim Hüten dreier Schafe, den Lieferanten des Rohmaterials für die Tuchherstellung. Nach der Schur, die selbst nicht dargestellt ist, bleibt die Wolle als zusammenhängendes Wollkleid (Vlies) erhalten.

Das Spülen der gewaschenen Wolle (Abb. 55)
Ein Putto steht vor einem geöffneten Kasten und staucht die lose Wolle mit einer Harke in einem Korb, der mit einer Schnur am Kasten im fließenden Wasser befestigt ist. Eine Seite des Kastens hat eine hochgeschlagene, mit Türbändern befestigte Klappe. Aus einem Rohr an der Kastenrückwand fließt Frischwasser zu. Da auf anderen Darstellungen dieses Arbeitsschrittes die Wolle in einem Korb unmittelbar in fließendem Wasser gespült wird, könnte der Kasten eine Neuerung der Scheiblerschen Manufaktur sein.[76] Vor dem Arbeitsgang, den der Putto vorführt, ist die Wolle in heißem Wasser unter Zusatz von faulendem menschlichen Urin oder Holzlaugenasche gebrüht worden.

Das Färben der Wolle (Abb. 56)
Bei diesem Arbeitsvorgang bereitet ein Putto die Farbflotte, eine wäßrige Lösung. In seiner Linken hält er eine Schale mit Farbstoff, hinter dem Putto stehen ein Kessel mit Bügelhenkel und zwei mit Vlies gefüllte Körbe bereit. Links der Feuerungsturm zum Ewärmen der Farbflotte mit geöffnetem Schürloch und Rauchfang. Auch hier ist eine Wasserzuführung dargestellt.

Das Färben war mühevoll und kostspielig; verwendet wurden Naturfarben. Die Farbrezepte waren streng gehütete Geheimnisse, die vom Vater auf den Sohn vererbt wurden. Die Wolle vor der weiteren Verarbeitung zu färben war eine Innovation, die Johann Heinrich Scheibler in die Monschauer Tuchmanufaktur einführte.[77] Demnach dürfte die Szene auf den besonderen Wunsch des Bauherrn zurückzuführen sein.

Das Trocknen und Lockern der Wolle (Abb. 57)
Ein Putto hängt Wollbüschel auf Trockenrahmen. Darunter steht ein Ofen mit geöffneter Feuerklappe und geschweiften Füßen. Rechts ein sogenannter Wollwolf, mit dem die getrockneten Wollfasern aufgelockert werden: »Das Instrument, welches man einen Wolf nennt«, schreibt Johann Georg Scheibler, »ist eine Art von Kasten. Das Vordertheil kann aufgemacht werden, wie das Hintertheil, weil es bloß mit einigen kleinen Laden verschlossen ist, die mit Thürbändern an den Kasten angemacht sind. Mitten durch gehet eine Achse, welche sich mit einer Kurbel endigt, die auswärts stehet. An dieser Achse sind vier Flügel fest gemacht, auf deren Rand etwas gebogene eiserne Zähne stehen. Innwendig, unten am Boden der Maschine, ist eine Art von Gitter von hölzernen Stangen gemacht, welches rund ist, und worauf die Wolle zum Theil fällt, die man in den Wolf gethan hat.«[78] Diese Unterkonstruktion ist auf dem Relief nicht zu sehen; sie befindet sich in dem geschlossenen unteren Kasten.

Das Krempeln (Abb. 58)
Die Krempel ist das wichtigste Gerät, um das Spinnmaterial weiter zu verarbeiten. Mit ihr wird die Faserflocke in Einzelfasern aufgelöst; es entsteht eine feine dünne Faserschicht, der Flor. Eine der Krempelhälften mit Eisenzähnen ist auf der Krempelbank befestigt. Darauf wird Wolle gelegt. Die andere Krempelhälfte hält ein Putto auf der Krempelbank (auch Roß genannt) am Griffpaar und streicht in mehreren Zügen die Wolle glatt. Danach schichtet er den nun feinen Flor auf dem Boden übereinander. Ein kleinerer Putto, auf einer Fußbank sitzend, arbeitet dem größeren zu, indem er Wolle durch Zupfen lockert. Der kleine Putto erinnert an die Aussage Johann Heinrich Scheiblers, daß »schon fünf- und sechsjährige Kinder von der allerlei Fabriquearbeiten sich wohl zu ernähren vermögen«.[79] – Der Putto auf der Krempelbank ist augenscheinlich aus dem Stich ›L'Amour oiseleur‹ von Lépicié nach Boucher (Abb. 15) übernommen.

Das Rückfetten der Wolle (Abb. 59)
Beim Waschen und Färben hat die Wolle Fett verloren. Ein Putto besprengt einen Berg Wolle mit Öl, damit sie zum Spinnen geschmeidig wird. Hinter dem Putto zwei Wollkörbe, einer gefüllt, der andere noch leer, um die rückgefettete Wolle aufzunehmen.

Das Spinnen (Abb. 60)
Ein Putto steht an einem Handspinnrad. Mit der rechten Hand bedient er das Rad; es hat in einer Speiche einen

54 Die Wolle

55 Spülen der gewaschenen Wolle

56 Färben der Wolle

57 Trocknen und Lockern der Wolle

58 Krempeln

59 Rückfetten der Wolle

60 Spinnen

Stielgriff. In der linken Hand hält er ein Faserbüschel, »um es entweder für den Spinnvorgang auszuziehen oder das versponnene Faserband der Spindel zum Aufwickeln zuzuführen«.[80] Zum Kammgarnspinnen gehört ein weiterer Krempelvorgang, das Kämmen; hierzu dient rechts im Bilde der Kammstuhl mit festgemachtem Kammkästchen und loser Oberteilbürste mit Stiel und Knauf; auf dem Sitzbrett ein paar Handkarden mit Stiel. Auf dem Kammstuhl werden vor allem die kurzen Wollfasern herausgekämmt. Die Garnhaspel links in der Szene steht zum Aufwickeln des Fadens zu Stranggarn und zum Messen der Fadenlänge bereit. – Spinnen vergab Scheibler in Lohnarbeit.

Die Arbeitsschritte der Weberei
(mittlerer Treppenlauf, äußeres Geländer)

Das Kettschären (Abb. 61)
Ein Putto faßt vom Spulrahmen hinter ihm, der mit Scheibenspulen bestückt ist, drei Fäden mit seiner rechten Hand zusammen und wickelt sie mit einem drehbaren, an der Decke verankerten Schärbaum auf, den er mit der linken Hand bewegt.

Das Kettschären diente zur Bestimmung der Stofflänge, zum Zählen der Fäden für die Stoffbreite und zum Zusammenstellen der Farben für ein Muster.

Das Weben (Abb. 62)
Ein Putto arbeitet am Trittwebstuhl, der zweischaftig bespannt ist. Beim Heben eines Schaftes wird jeder zweite Faden angehoben; es entsteht ein Fach, durch das mit dem Weberschiffchen der Schußfaden gelegt wird. Vor dem Webstuhl steht ein Spulrad, mit dem das Garn für die Kette fester gezwirnt werden kann; ferner wird mit dem Spulrad das Stranggarn auf die Schußspule des Weberschiffchens gewickelt.

Das Noppen (Abb. 63)
Ein Putto sitzt auf einem Stuhl mit hoher Rückenlehne am Tisch und befreit das Gewebe mit der Noppenzange von Wollknoten, Holzsplittern oder anderen Verunreinigungen. Rechts liegen am Boden zwei geschnürte Tuchballen. – Die Arbeit des Noppens wurde von Frauen meist in Heimarbeit durchgeführt.

Das Stopfen (Abb. 64)
Das Tuch wird auf Webfehler geprüft. Der Putto des Kartuschenbildes ist dabei, Fehler im Gewebe mit der Nadel und dem Faden auszubessern – eine Tätigkeit, die ebenfalls als Heimarbeit vergeben wurde. Rechts liegt am Boden ein weiteres Webstück, das es zu überarbeiten gilt oder galt.

Das Walken (Abb. 65)
Ein Putto verfilzt das locker gewebte Tuch, das Regen, Wind und Kälte standhalten muß. Er bedient sich dabei einer Hammermühle. Das Tuch wird in einer Wanne aus Holz oder Stein unter Zusatz von Seife oder Tonerde von den Hämmern der Walke hin- und hergeschoben und gequetscht. Der Putto hebt den nassen Stoff aus der Wanne, um ihn in eine andere Faltenlage zu bringen, damit er gleichmäßig verfilzt. Die Walke wird angetrieben durch ein Wasserrad, das die Stiele mit den Hämmern mittels einer Nockenwelle hebt und wieder fallen läßt. Hinter dem Putto eine Wasserleitung. Durch das Walken wird das Tuch um ein Drittel bis ein Viertel seiner Länge und Breite kürzer und schmaler, dafür aber weit dichter und fester.

Das Rauhen (Abb. 66)
Nach dem Walken wird das Tuch gespült und auf großen Holzrahmen zum Trocknen aufgehängt. Ein Putto steht vor drei Stoffbahnen, die auf Trockengestellen aufgespannt sind. Eine der Stoffarten bearbeitet er mit Distelkarden: Zwischen zwei schmale Bretter mit Handgriff wird eine besondere Distelart aus Südfrankreich[81] gezwängt, die, getrocknet, scharfe elastische Häkchen hat. Mit solchen Kardenbürsten werden die feinen Wollhaare aufgerichtet und nach einer Richtung hin geordnet, damit sie beim nachfolgenden Schären glatt und gleichmäßig beseitigt werden können. Auf einem Tisch liegen für den Putto vier weitere Rauhkarden zur Fortsetzung seiner Arbeit bereit.

Das Spannen (Abb. 67)
Ein Putto spannt mit einer Zugvorrichtung ein gewalktes Tuch zum Trocknen und Strecken auf einen hakenbesetzten Spannrahmen. Durch das Ausspannen erhält das Tuch einen Teil der Länge und Breite zurück, die es beim Walken verloren hat. Das auf dem Rahmen getrocknete Tuch ist als Grobware fertig.

61 Kettschären

62 Weben

63 Noppen

64 Stopfen

65 Walken

66 Rauhen

67 Spannen

Die Arbeitsschritte der Tuchveredelung
(oberer Treppenlauf, äußeres Geländer)

Das Tuchscheren (Abb. 68)
Die Faserhärchen des Gewebes, die sich durch wiederholtes Rauhen hochgestellt haben, werden mit einer besonderen Schere entfernt. Ihre beiden Scherenblätter sind durch einen Federbügel verbunden. Das obere Scherenblatt steht winklig zum breiteren, etwas schwereren unteren Scherenblatt, das – ›Lieger‹ genannt – fest auf dem gepolsterten Tisch mit dem Gewebe liegt und beim Schervorgang millimeterweise vorgeschoben wird. Hierbei zieht der Tuchscherer das obere leichtere Scherenblatt, den ›Läufer‹, über die Schneide des ›Liegers‹ hinweg und kürzt so die Faserhärchen. Die angewinkelte Stellung des ›Läufers‹ soll verhindern, daß die Fasern von ihm umgeknickt und auf die Tuchoberfläche gedrückt werden.[82] – Auf dem Relief hantiert ein Putto mit riesiger Schere am Schertisch, über den ein Tuch zur Bearbeitung gelegt ist. Die Bügelschere wiegt mehr als einen halben Zentner, so daß der Putto mit beiden Händen arbeiten muß. Unter dem Schertisch steht ein Horde, auf die das Tuch gelegt wird. Hochfeine Ware erforderte bis zu vier Schervorgänge; sie dauerten oft zwei bis drei Monate pro Stück.

Das Falten und Legen (Abb. 69)
Ein Putto faltet Tuch auf einem Tisch mit Balusterbeinen. In der Rechten hält der Putto einen Preßspan, der für das nachfolgende Pressen zwischen die Tuchlagen geschoben wird. Der Preßspan gibt die Form vor, in der das gefaltete Tuch in den Handel kommt.

Das Sengen und Pressen (Abb. 70)
Wollstoffe erhalten beim Sengen mit heißen Metallplatten dauerhaften seidigen Glanz. Eine solche Metallplatte besprengt ein Putto mit Wasser aus einem Henkelgefäß, um sie abzukühlen. Im Hintergrund ein Sengofen, links eine Tuchpresse.

Das Siegeln (Abb. 71)
Kraftvoll schlägt ein Putto mit dem Hammer auf einen Siegelstock in seiner Linken, um einen Tuchballen mit der Siegelmarke aus Blei, dem Qualitätszeichen, zu versehen.

Das Etikettieren (Abb. 72)
Ein Putto beschriftet die Bandetiketten eines fertigen Packens Kiloware, die in Stoff eingebunden ist. Auf dem Tisch liegen außerdem fünf Rollen etikettierter Meterware. Hinter dem Putto ein großes Regal mit gefalteter Stapelware. Etikettenaufschriften geben Auskunft über Material, Qualität, Preis, Hersteller und Menge.

Das Verpacken (Abb. 73)
Mit beiden Händen rollt ein Putto von der Zieh- und Ballenpresse, einer Vorrichtung zum Verschnüren von Tuchballen unterschiedlicher Maßgrößen, Schnur ab; hierbei stellt er einen Fuß auf einen bereits verschnürten Tuchballen.

Der Transport (Abb. 74)
Ein Putto hebt einen verschnürten Tuchballen auf einen zweirädrigen Leiterkarren.

Was den Stellenwert des Tuchmacherzyklus in der motivgeschichtlichen Tradition betrifft, hat Bärbel Kerkhoff-Hader einen ikonographischen Rahmen von Arbeitsdarstellungen zum Tuchmacherhandwerk aufzeigen können, in den die Monschauer Szenen einzuordnen sind. Unmittelbare Vorbilder oder Vorlagen, nach denen die Schnitzwerkstatt gearbeitet hätte, sind – vom Putto auf der Krempelbank abgesehen – bislang nicht nachzuweisen; man muß die Ausgestaltung der Treppe wohl auch »auf den individuellen Entscheidungsfreiraum« ihres Erbauers zurückführen.[83]

Für den Künstler stellte sich die Aufgabe, komplizierte technische Vorgänge, die er vor Ort studiert haben mag, in ungünstigen Bildformaten darzustellen. Wirkt das Zueinander von Putto und Arbeitsgeräten auch oft verzeichnet und in der Perspektive nicht immer geschickt, so gelangen insgesamt doch Szenen, die knapp und lebendig erzählen, die sachgemäß informieren und zugleich das Auge beglücken im ornamentalen Rausch der Treppe. »Die Herstellungsphasen scheinen im Ganzen betrachtet auf die spezielle Situation des Scheiblerschen Unternehmens hin konzipiert zu sein. Dafür sprechen die Darstellungen der Wollaufbereitung, das Waschen der Wolle im Kasten, das Färben der Wolle und nicht der Tücher, das Vorhandensein eines Wollwolfes und bei der Appretur der Einsatz eines Dämpfofens. Insofern gibt der Zyklus deutliche Hinweise auf die innovative Haltung des Auftraggebers. Sie macht sich da in den Darstellungen bemerkbar, wo er die

68 Tuchscheren

69 Falten und Legen des Tuches ▷

71 Siegeln

72 Etikettieren

73 Verpacken

74 Transport

◁ 70 Sengen und Pressen des Tuches

Produktion unter seiner unmittelbaren Aufsicht hielt, während die nach außerhalb vergebenen Arbeiten in einem engeren Traditionsgefüge angesiedelt sind. Gerade die Hinweise auf Neuerungen sind es, die den Schluß zulassen, daß die Darstellung sich an den realen Produktionsverhältnissen orientierte. Da man sich außerdem der kritischen Anteilnahme an Entwurf und Ausführung seitens der Familie Scheibler gewiß sein kann, ist die Orientierung an der Wirklichkeit um so wahrscheinlicher.«[84] Der Zyklus ist Selbstdarstellung des Bauherrn und zugleich Bildquelle für die Tuchmanufaktur im 18. Jahrhundert, wie sie anschaulicher nicht sein könnte.

75 Treppe im Haus ›Zum Pelikan‹, Erdgeschoß

Die Treppe im Haus ›Zum Pelikan‹

Für die kleinere Treppe im Haus ›Zum Pelikan‹ (Abb. 75, 76) stand nur ein schmaler Raum zwischen den Eckfenstern neben dem Eingang zur Verfügung. Sie führt freischwebend über vier Stockwerke, wobei sie sich im Dachraum verengt. Wie die Treppe im Haus ›Zum goldenen Helm‹ ist sie aus Eichenholz gefertigt. Das Auge der Treppe verengt sich zwischen den gestreckten Gegenzügen zu einem schmalen Spalt. Die Geländer der beiden unteren Läufe zeigen im Wechsel reich geschnitzte Stützen und Bildkartuschen in durchbrochener Rocaillerahmung. Betont prachtvolle Ornamentik zeichnet die unteren Geländepfosten aus. Die Geländer des dritten Laufs sind nicht durchbrochen und nur profiliert, die des oberen Laufs bestehen aus Flachbalustern.

Die Treppe korrespondiert im Raumbild des Flures mit der geschnitzten, mit Rocailleornamenten reich verzierten Kellertür: H. Förster (Monschau-Höfen) erneuerte sie 1930. Eine Fotografie von Georg Güttsches aus dieser Zeit im Rheinischen Amt für Denkmalpflege zeigt die Wände des Treppenhauses mit einer ähnlichen Marmormalerei wie in Dielen und Treppenhaus des ›Goldenen Helm‹.

Der Schnitzreichtum der beiden unteren Treppenläufe ist gegenüber dem der großen Treppe zurückgenommen. Die Einzelheiten erscheinen durch den kleineren Maßstab feiner, aber auch merklich flacher und nicht mehr so beschwingt. Zwischen Geländestützen und zwischen Feldern mit Bildkartuschen wird formal klar unterschieden: Keine der Stützen verwandelt sich mehr in Rocaillen, die in die Zwischenfelder hineinschwingen.

Die Bildkartuschen

Auf dem inneren Geländer sind – in jeweils doppelseitiger Ausführung und in je zwei Bildern über die beiden unteren Läufe verteilt – die vier Jahreszeiten als kosmologischer Zyklus dargestellt. Auf den Innenseiten der äußeren Geländer erscheinen die zwölf Monate, sechs in jedem Geschoß. Hinzu kommen als Rahmung dieses Zyklus die Themen ›Der Sündenfall‹ und ›Der Tod‹.

Die Jahreszeiten

Der Frühling (Abb. 77)
Ihn symbolisiert ein blühender Rosenstrauch. Das doppelseitige Bildfeld wurde 1959 durch den Bildhauer E. Claisen (Aachen) erneuert.

Der Sommer (Abb. 78)
Wogende Kornähren auf dem Feld.

Der Herbst (Abb. 79)
Weinreben. – Das Motiv ist, wie bei allen ursprünglichen Bildkartuschen, auf der Außenseite variiert.

Der Winter (Abb. 80)
Knorrige kahle Bäume.

Die Monate

Der Sündenfall (Abb. 81)
Vor dem Zyklus der Monatsbilder, die wiederum durch tätige Putti repräsentiert werden, steht eine Darstellung von Adam und Eva. Zwischen ihnen der Baum der Erkenntnis mit der Schlange.

Der Januar (Abb. 82)
Ein Putto schwingt vor einer Tür kraftvoll den Dreschflegel über ausgebreiteten Kornähren. Hinter dem Putto zwei prall gefüllte Getreidesäcke. Am Boden liegen Reisigbesen und eine zweizinkige Forke. An der Tür hängt eine Siebschüssel zum Trennen von Korn und Spreu.

Die Tür kann als Andeutung eines Raumes verstanden werden; vielleicht wird aber auch auf Ianus, den römischen Gott des Jahres-, des Tages- und Monatsbeginns und jedes Eingangs und Ausgangs, angespielt (lateinisch ianua = Tür).

76 Treppe im Haus ›Zum Pelikan‹, erster Stock

77 Frühling

78 Sommer

79 Herbst

80 Winter

Der Februar (Abb. 83)
Ein Putto sitzt auf einem Block zwischen zwei Feuern und wärmt sich die Hände.

Der März (Abb. 84)
Ein Putto bei Pflanzarbeiten. Im Hintergrund Weinstöcke.

Der April (Abb. 85)
Das Feld wird gepflügt. Zwei Rinder ziehen einen Karrenpflug, den ein Putto führt.

Der Mai (Abb. 86)
Der Mai ist die Zeit der blühenden Lustgärten. Ein Putto hält vor einem prunkvollen Zierbeet einen Blütenkranz in die Höhe. Hinter ihm offensichtlich ein Brunnenbecken; an einer balusterförmigen Stele hängt eine Gießkanne mit tief angesetztem, langem Gießrohr für breit angelegte Beete.

Der Juni (Abb. 87)
Ein Putto stößt die Bienen von einer Waabe ab, um an den Honig zu kommen. Vor dem Bienenstock mit drei Körben ein Räuchergefäß, um die Bienen zu vertreiben.

Der Juli (Abb. 88)
Die erste Szene des zweiten Treppenlaufs zeigt einen Putto bei der Heuernte. Er harkt das getrocknete Gras zu kleinen Haufen zusammen.

Der August (Abb. 89)
Ein kniender Putto schneidet mit der Sichel Getreide.

Der September (Abb. 90)
Ein Putto bemüht sich, einen prall mit Äpfeln gefüllten Korb wegzutragen. Die Bäume hängen noch voller Früchte.

Der Oktober (Abb. 91)
Ein Putto bei der Weinlese.

Der November (Abb. 92)
Diese Kartusche hat der Schnitzer leer belassen. Wollte er damit den Nebelmonat charakterisieren?

Der Dezember (Abb. 93)
Ein Putto steht zwischen zwei Palmen, schaut zurück und deutet mit der Rechten nach oben (auf den nicht dargestellten Weihnachtsstern?).

81 Der Sündenfall

Der Tod (Abb. 94)
Auf den Zyklus der Monatsbilder folgt eine letzte Szene: Der Tod als Knochenmann mit Sense überrascht ein verliebtes Paar beim Wein an der Tafel und löscht die Kerze – Symbol des Lebenslichtes – aus.

Der Tod ist die Folge des Sündenfalls: Sündenfall und Tod schließen die verrinnende Zeit des menschlichen Daseins im Gefüge der kosmischen Ordnung ein.

82 Januar

83 Februar

84 März

85 April

86 Mai

87 Juni

88 Juli

89 August

90 September

91 Oktober

92 November

93 Dezember

94 Der Tod
und das verliebte Paar
beim Wein

Datierung, Werkstatt- und Meisterfrage der Treppen

Zur Entstehung der Treppen fehlen – wie für das ganze Gebäude – Archivalien. Man sollte für die Arbeit vor allem am Schnitzwerk einen nicht zu geringen Zeitraum veranschlagen. Der Auftrag wird von Johann Heinrich Scheibler vergeben worden sein. Stilistisch gehören die Ornamentschnitzereien der Treppen in die Spätphase der Rocailleentwicklung: Sie sind in ihrer ausgeprägt bewegten Form etwa von 1750 an denkbar. Um diese Zeit kamen auch die Vorlageblätter der Tageszeiten nach Johann Gottfried Haid (Abb. 42–45) auf den Markt. Die Entstehungszeit der großen Treppe dürfte um 1760 liegen.

In der Zurücknahme des Schmuckreichtums und in der Erstarrung der Rocailleornamentik an der kleinen Treppe im Haus ›Zum Pelikan‹ machen sich bereits die neuen Stiltendenzen der Zeit um 1765 bemerkbar. Die kleine Treppe dürfte jedoch gleichzeitig mit der großen oder nicht wesentlich später als sie entstanden sein. Vergleiche lassen keinen Zweifel daran, daß beide Treppen in derselben Werkstatt entstanden. Man betrachte nur die körperlich prallen Putti hier wie dort.

Nicht nur Johann Heinrich Scheibler gab Treppen in Auftrag; sein Sohn Paul Christoph tat es ihm bei der Umgestaltung seines Hauses nach 1757 gleich (vgl. S. 20). Eine Fotografie von Georg Güttsches überliefert die Treppe des kriegszerstörten Gebäudes mit großen, von wildbewegten Rocaillen gerahmten Kartuschen als Füllungen der Geländer (Abb. 95). Die Schnitzqualität reichte an die der Treppen des Roten Hauses heran; vielleicht nahm auch der Scheibler-Sohn die Werkstatt in Anspruch, die für seinen Vater arbeitete. Auf figürliche Darstellungen hat Paul Christoph Scheibler allerdings verzichtet.

Nach der Scheiblerschen Familientradition waren für das Rote Haus »wallonische Skulpteure« tätig.[85] Dies hat die Kunsthistoriker auf das Lütticher und Aachener Rokoko blicken lassen. Da hier aber weder für den Typ der großen Treppe und ihre Konstruktion noch für Reichtum und Wandlungsfähigkeit der Monschauer Rokokoornamentik Vergleichbares zu entdecken ist, führte die weitere Suche nach Verwandtem in die südlichen Niederlande. Hier sind Parallelen für die vollschwere, üppig wuchernde Schnitzerei zu finden, ferner für die dekorative Einheit von Anfangspfosten und Geländer. Unvergleichlich bleibt jedoch das besondere Charakteristikum der Monschauer

95 Treppe im Haus von Paul Christoph Scheibler (1944 zerstört, vgl. Abb. 9)

96 Treppe im Haus Troistorff. Zustand um 1935 (vgl. Ft. S. 16)

Treppen: die nahtlose Durchdringung von Konstruktion, Ornamentwerk und bildlichen Darstellungen.

Für die dekorative Schnitzerei, die geprägt ist von Formenfülle und Pathos, hat Schoenen auf Altäre, Kanzeln, Täfelungen, Beichtstühle und Chorgestühle »mit vollschwerer Zier« verwiesen, z. B. auf die Kanzel des Laurent Delvaux von 1745 in der St.-Bavo-Kathedrale in Gent, »die letzte in der Reihe der mit dramatischen Figuren und naturalistischen Szenerien ausgestatteten Predigtstühle, welche die Kirchenräume in Flandern und Brabant beherrschen«.[86] Dekorative Schnitzereien und Szenerien schließen sich wie in Monschau zu organischer Einheit zusammen. Unmittelbar vergleichbar ist, wie der Handlauf des Geländers hier wie dort aus den Voluten der Anfangspfosten sich kurvig entwickelt, in Monschau flacher als in Gent. Ob man freilich mit Schoenen allein hieraus an einen Werkstattzusammenhang denken kann, ist fraglich.

Am Beispiel des Tageszeitenzyklus von Johann Gottfried Haid und eines Blattes von Lépicié nach François Boucher konnte erstmals nachgewiesen werden: Stichvorlagen prägten Figuren- und Ornamentstil der großen Treppe. Sicher standen den Schnitzern nicht nur die neu aufgefundenen Vorlageblätter zur Verfügung; weiteres Stichmaterial, das anregend wirkte, bleibt noch zu entdecken.

Als Typ einer freischwebenden Treppenspirale in offenem Treppenhaus ähnlich den Monschauer Raumsituationen läßt sich die geschnitzte Wendeltreppe von 1775 im Rathaus zu Lier vergleichen. Auch hier finden sich wie an der Kanzel in Gent und an den Monschauer Treppen die schweren C-Rocaillen als Anfänger; dann aber zieht sich das Geländer im einheitlichen Rhythmus zierlicher, durchbrochener Rocaillebaluster in die Höhe. Der Monschauer Treppentyp ist also nicht völlig ohne Parallele. Er steht den genannten »Werken näher als irgendwelchen rheinischen oder maasländischen Prachttreppen, und der Stilvergleich legt die Annahme nahe, daß das Monschauer Rokoko aus Flandern ins Rurtal verpflanzt wurde«.[87]

In unmittelbarer Nachfolge der großen Treppe des Roten Hauses steht die im Haus Troistorff (Abb. 96). Ihre Konstruktion ist der der Scheiblerschen Anlage eng verwandt; die Ornamentschnitzereien sind jedoch in den Formen des Louis-seize gehalten. Die Treppe im ›Haus zum Pelikan‹ glich konstruktiv der kriegszerstörten Treppe im Haus von Paul Christoph Scheibler (Abb. 95).

Die belgische Forschung hält es nicht für abwegig, die große Treppe des Roten Hauses als Werk Lütticher oder Namurer Schnitzer unter brabantischem Einfluß zu sehen.[88] Mit einem Künstlernamen sind beide Monschauer Treppen bislang nicht in Verbindung zu bringen. Jedenfalls gingen sie aus einer Werkstatt hervor, die erstklassige Kunsthandwerker beschäftigte und die gewiß nicht allein für Scheibler in Monschau arbeitete. Was den stilistischen Reifegrad in Anlage und Ornamentik betrifft, ist den Treppen des Roten Hauses nichts höher- oder auch nur gleichrangiges ihrer Art im Rhein-Maas-Gebiet und weit darüber hinaus gegenüberzustellen. Die übrige Ausstattung des Roten Hauses reicht – von Einzelstücken abgesehen – nicht an die künstlerische Vollendung der Treppen heran.

Gärten der Monschauer Tuchmacher

Der ›Artillerie Capitaine‹ Laub zeichnete nicht nur die eingangs betrachtete Ansicht der Stadt Monschau, sondern auch einen ›General Prospect von denen Gärthen langs der Rhoer; Nebs oberliegenten Situation, wie Solche dermahlen Anzusehen Seint, Anno 1766, im junio‹ (Ft. S. 73). Der Blick fällt auf das Hanggelände jenseits der Rur, die sog. Planken. Es ist in Gartenterrassen verwandelt, von Trockenmauern aus Bruchstein abgestützt oder eingefriedet und untereinander mit Treppen verbunden. Der Reiz des Prospekts liegt in der Unregelmäßigkeit der Terrassierung und dem gelungenen Versuch, dennoch regelmäßige Gärten zu gestalten. Die Bruchsteinterrassen sind teilweise noch heute erhalten. Sie bieten einen eindrucksvollen Anblick, schaut man aus einem der rurseitigen Fenster des Roten Hauses (Abb. 98).

Die Besitzverhältnisse der verwirrend vielfältigen Ansammlung von Gartenstücken sind dank Laubs Buchstabenmarkierung klar: links »der herren Scheiblers gärthen« mit den Parzellenbuchstaben A–F, in der Mitte die »herren Opffermanns gärthen« (G–L) und rechts die »herren Schlössers gärthen« (M–Q).

Durchwandert man die Gartenpartien, so gewinnt man den Eindruck, als hätten die untereinander verwandten Tuchmacherfamilien sich im Raffinement der Ausstattung ihrer Gartenparadiese übertreffen wollen. Die Gärten der Scheiblers imponieren durch Größe und architektonischen Reichtum, der Offermannsche Garten zeichnet sich

›General Prospect von denen Gärthen langs der Rhoer...‹,
gezeichnet vom ›Artillerie Capitaine‹ Laub. 1766
Kolorierte Federzeichnung

97 Gartenpfeiler

98 Blick vom Roten Haus auf die Gartenterrassen. 1994

durch ein phantasievolles Gartenhaus und Broderieparterres mit Springbrunnen aus; dieser Gartenteil war kostspielig und bedurfte intensiver Pflege. Schlössers Garten hat einen schmucken, noch heute erhaltenen Gartenpavillon.

Die Gärten »der herren Scheibler« – nach Laubs ›Prospect von der Statt Monjoye, wie solche Front gegen dem Obern Schloss machen thuet etc.‹[89] vom September 1766 gehören sie Johann Heinrich Scheiblers Söhnen Bernhard Georg und Paul Christoph – sind die vielgestaltigsten ›Auf den Planken‹. Ein Gitter zwischen gequaderten Pfeilern aus Blaustein, von denen einer noch am Garagenanbau des Hauses Kircher steht (Abb. 97), grenzt den unteren Garten A des Paul Christoph Scheibler gegen die Stadt und den Fußweg entlang des Flusses ab; zwei Tore öffnen sich in der Längs- und in der Querachse (Offermanns und Schlössers Garten entlang der Rur haben nur Eisengitter). Die zehn Beetfelder des Scheiblerschen Gartens sind nach der Zeichenstruktur mit Gemüse bestanden – wie die meisten Beete auch der anderen Gartenbesitzer. Längs- und Querteilung der Gemüsefelder in den einzelnen Beeten wechseln einander ab. Jedes Beet ist schmuckvoll mit einer an den Ecken einschwingenden und durch Rondelle durchbrochenen Rabatte gerahmt. Sie ist mit Blumen und Heilkräutern bepflanzt zu denken. Auf der nächsthöheren Terrassenebene B, ebenfalls im Besitz von Paul Christoph Scheibler, finden sich weitere Nutzbeete mit reicher gestalteten Rabatten: Pyramidenförmig geschnittene Zierbäumchen auf den Eckeinschwüngen und Kübelbäumchen auf den Rondellen der Seitenmitten beleben das Bild. Vor einem kleinen Gartenpavillon liegt ein eingefriedetes Zierbeet wohl aus Rasen mit Diagonalwegen und Springbrunnen in der Mitte. Zwei Laubenarchitekturen geben Schatten bei Sommerhitze. An der Umfassungsmauer gedeihen im Wechsel kleine und größere Spalierobstbäume.

Die Gartenabschnitte C, D und F gehören Bernhard Georg Scheibler, der Teil E wiederum Paul Christoph Scheibler. Bernhard Georg Scheibler verfügt über einen polygonalen Pavillonvorbau an der Terrassenmauer, von dem aus sich ein schöner Blick über die Gärten seines Bruders öffnet.

Sind die Gärten der Monschauer Tuchmacher in erster Linie für den Gemüse- und Obstanbau bestimmt, so sind sie doch zugleich als Gartenparadiese gestaltet, in denen man lustwandelt und die Geselligkeit pflegt.

Anmerkungen

1 Zitiert nach: Ernst Barkhausen, Die Tuchindustrie in Montjoie – ihr Aufstieg und Niedergang. Aachen 1925, S. 42.

2 Paul Schoenen, Bürgerliche Wohnkultur des 18. Jahrhunderts in Aachen und Monschau (= Rheinischer Verein für Denkmalpflege und Heimatschutz, 30. Jg. 1937, Heft 1). Düsseldorf 1937, S. 71.

3 Barkhausen (wie Anm. 1), S. 43. – Zum Vergleich: Um 1750 erhielten in Schieder (Lippe) der Amtmann 162 Taler, der Amtsschreiber 88 Taler, der Pedell 9 Taler und ein Fußknecht 9 Taler jährlich: Fritz Verdenhalven, Alte Maße, Münzen und Gewichte aus dem deutschen Sprachgebiet. Neustadt an der Aisch 1968, S. 11.

4 Walter Scheibler, Zur Geschichte der alten Kirchen und Bürgerhäuser in Monschau. In: 1356 Monschau 1956. Stadtwerdung und Bürgerhäuser, Nr. 5, Jg. 1956 des Eremit am Hohen Venn, S. 24. – Ders., Hausinschriften im Kreise Monschau. In: Das Monschauer Land historisch und geographisch gesehen, hrsg. vom Geschichtsverein des Kreises Monschau. Monschau 1955, S. 412. Danach trug der Helm, das Hauszeichen des Hauses ›Zum goldenen Helm‹, über der Eingangstür damals die Jahreszahl 1756; heute liest man 1768.

5 Karl Faymonville, Die Kunstdenkmäler des Kreises Monschau (= Die Kunstdenkmäler der Rheinprovinz, hrsg. von Paul Clemen, Bd. 11/I). Düsseldorf 1927, S. 84.

6 Stiftung Scheibler-Museum Rotes Haus Monschau; im Archiv des Landschaftsverbands Rheinland, Pulheim-Abtei Brauweiler. Braune Feder auf Papier, angefasert. 45,5 x 37,8 cm. – Der handschriftliche Vermerk auf der Rückseite lautet: »Praxis/Geometria von/Joh. Friedr: Penther/in folio/augsburg verlegt von/Joh. Balthaser Probst/getrukt bey Joh. Jacob/Lotter 1752.«

7 Archiv der Stadt Monschau, 1. Abt. H. 21.

8 Vgl. Anm. 4. – Der Briefabriß mit der Jahreszahl 1767 befindet sich als Eigentum der Stiftung Scheibler-Museum Rotes Haus Monschau im Archiv des Landschaftsverbands Rheinland, Pulheim-Abtei Brauweiler.

9 Die Maßangaben nach: Paul Schoenen, Das Rote Haus in Monschau. Aufnahmen von Hermann Weisweiler. Köln 1968, S. 127, Anm. 26.

10 Ebenda, S. 31, 34.

11 Ebenda, S. 31.

12 Die Gitter, 1935/36 grundlegend restauriert, wurden offensichtlich aus Aachen bezogen. Sie sind dem zerstörten Treppenhausgeländer des Aachener Wespienhauses, die zu den besten Stücken der Aachener Eisenschmiedekunst zählten, eng verwandt: Hans Küpper, Aachener Schmiedeeisen vom Mittelalter bis zum Jahr 1812. In: Aachener Kunstblätter 27, 1963, S. 120. Die heutigen Stützarme für die Wasserspeier sind sorgfältige Kopien der ursprünglichen: ebenda, S. 156.

13 Pfirsichblütenrot zählte neben Weiß, Grau, Gelb und Grün in gedämpften hellen Tönen zu den Modefarben des ausklingenden Rokoko am Außenbau. Sie waren als Entsprechungen natürlicher Steinfarben gedacht. »Die Haupterforderniß ist, daß man zum Grund allezeit eine blaße ziemlich helle Farbe wählt, welche sanft auf das Auge wirkt, und die hervorstechenden Theile, als Fensterbekleidung, Lessees und Dachgesimse noch etwas heller anstreicht, wodurch sie sich noch mehr hervorheben«: Friedrich Christian Schmidt, Der bürgerliche Baumeister etc., Gotha 1790, S. 158; zit. nach: Friedrich Kobler/Manfred Koller. Farbigkeit der Architektur. In: Reallexikon zur Deutschen Kunstgeschichte, 7. Bd. München 1981, Sp. 403.

14 Die farbige Erscheinung des Roten Hauses wandelte sich im Laufe des 19. und 20. Jahrhunderts. Auf den Pfirsichblütenton der zweiten Fassungsperiode, eine schwach abgebundene Kalk-Kasein-Farbe, folgte als dritte Fassung ein ziegelsteinfarbiger Anstrich (Ft. S. 98), bestehend aus einer Kalk-Kasein-Farbe; sie war stark gebunden, die Oberfläche deshalb krakeleeartig gerissen. Die Tür- und Fenstergewände und die Ecklisenen waren in gelblich abgetöntem Weiß gefaßt. Vierte Fassung: »Ungefähr Ende der ersten Hälfte des 19. Jh. erfolgte eine Totalüberputzung (Glättung) der gesamten Wandflächen. In den frischen Kalkhaarputz wurden Fugen eingedrückt, die in ihrer Anordnung den Originalfugen des Mauerwerkes entsprachen. Es wurde also ein Mauerwerk imitiert. Daraufhin wurde die neu gestaltete Putzfläche mit einer bräunlich-roten Kalk-Kasein-Farbe gestrichen. Die Fenster- und Türgewände sowie die Ecklisenen bekamen eine graubraun-umbrafarbige Fassung.« Fünfte Fassung: »Vor dem nächstfolgenden Anstrich wurden partielle Ausbesserungen mit einem rosa eingefärbten Kalkhaarputz ... vorgenommen, worauf ein Anstrich in einer dunkelrotbraunen Färbung erfolgte. Eine dunkelgraue Fassung der Fenster- und Türgewände sowie der gequaderten Ecklisenen vervollständigten das Bild einer Farbgebung, die von allen Fassungen die dunkelste war.« Sechste Fassung: Beim Anstrich in den fünfziger Jahren »erfolgten partielle Putzausbesserungen mit Zementputz. Der darauf folgende Dispersionsanstrich hatte einen kühlen rotvioletten Farbton. Die Fenster- und Türgewände und die gequaderten Ecklisenen wurden dazu in einem kühlen hellen Grauton gefaßt«: Untersuchungsbericht vor 1980 der Firma Anton Ochsenfarth, Paderborn, im Rheinischen Amt für Denkmalpflege, Pulheim-Abtei Brauweiler. Dazu liegt an gleichem Ort eine Primärdokumentation vor, die auch die pfirsichblütenfarbene Erstfassung belegt.

15 Im Wollschacht sind heute Abstellkammern eingebaut. Ferner wird er als Luftheizungsschacht genutzt.

16 Nach der Bauuntersuchung von Dr. Norbert Nußbaum, Rheinisches Amt für

Denkmalpflege, ist der Kanal – soweit zugänglich – in Bruchstein gemauert und tonnengewölbt. Er ist »zweifelsfrei baueinheitlich mit dem Roten Haus angelegt worden«. In den Hauptkanal münden von Westen zwei Stichkanäle, die ebenfalls mit dem Keller gemauert wurden; sie führten »vermutlich Brauchwasser von älteren Produktionsstätten im Westen des Hauses ab«: Befundbericht vom 15. 11. 1993, Aktenarchiv des Rheinischen Amtes für Denkmalpflege, Pulheim-Abtei Brauweiler.

17 Die zweite Wollspüle wurde 1817 genehmigt: Toni Offermann/Liesbeth Woldt, Die gewerbliche Nutzung des Roten Hauses zur Tuchfabrikation im 19. Jahrhundert. In: Das Monschauer Land. Jahrbuch 1986 des Geschichtsvereins des Monschauer Landes, 14. Jg., S. 61. – Auf der Monschauer Ansicht um 1835 (Ft. S. 98) und auf der ältesten bekannten Fotografie des Roten Hauses nach 1861 (Abb. 117) ist der mit Pultdach gedeckte Anbau für die Wollspüle zu sehen. Zwischen 1865 und 1868 wurde der Anbau teilweise abgerissen und durch eine Glasveranda ersetzt, die bis 1925 bestand. Der untere Teil des Anbaus ist als Terrasse erhalten: Franz Wilhelm Hermanns/Elmar Klubert/Hans Gerd Lauscher/Toni Offermann, Montjoie – Monschau. Von Häusern und Menschen. Monschau 1993, Nr. 92.

18 Walter Scheibler, Zwischen zwei Fronten. Kriegstagebuch des Landkreises Monschau. Monschau 1959, S. 86. – Scheibler 1956 (wie Anm. 4), S. 27.

19 Hans Kisky, Bericht über die Tätigkeit der Rheinischen Denkmalpflege in den Jahren nach dem Kriege bis zum 1. Juli 1953. In: Jahrbuch der Rheinischen Denkmalpflege 20, Kevelaer 1956, S. 90.

20 Ebenda 22, 1959, S. 133; 25, 1965, S. 104.

21 Vgl. S. 11 und Anm. 14.

22 Wolfgang Zahn, Monschau (Kreis Aachen). Rotes Haus. In: Jahrbuch der Rheinischen Denkmalpflege 30/31. Köln–Kevelaer 1985, S. 592 ff.

23 Schoenen (wie Anm. 9), S. 37.

24 Ebenda, Abb. 85. – Horst Ossenberg, Das Bürgerhaus im Bergischen Land. Tübingen 1963, S. 48 ff.

25 Schoenen (wie Anm. 9), Abb. 84.

26 Ebenda, S. 39.

27 Ebenda.

28 Ebenda, S. 33.

29 Wilfried Hansmann, Baukunst des Barock. Form, Funktion, Sinngehalt. 4. Aufl. Köln 1990, S. 296 ff.

30 Wolfgang Zahn, Das Rote Haus in Monschau (= Rheinische Kunststätten 76). 6. Aufl. Neuss 1984, S. 12.

31 Zu den Häusern: Scheibler 1956 (wie Anm. 4), S. 8 ff., 42. – Schoenen (wie Anm. 2), S. 85 f.

32 Scheibler 1956 (wie Anm. 4), S. 33 f. – Bauherr war der Tuchfabrikant Matthias Peter Wolfgang Troistorff (1737–1784), verheiratet mit Magdalena Catharina Böcking, einer Schwester Theresia Elisabeth Böckings, der Gemahlin Wilhelm Scheiblers.

33 Vgl. das reiche Bildmaterial bei: Hermanns/Klubert/Lauscher/Offermann (wie Anm. 17).

34 Die Marmormalerei wurde fragmentarisch 1967/68 unter späterem Grisaille-Quaderfeldanstrich gefunden, freigelegt und ergänzt; diesen Zustand zeigt die Farbtafel S. 27 bei Schoenen (wie Anm. 9). Diese Malerei mußte im Zuge der Sanierungsarbeiten 1973–80 fast völlig erneuert werden; original erhalten ist das marmorierte Wandstück unter dem linken Fenster des ersten Obergeschosses im Bereich der Treppe.

35 Wilhelm Scheibler kaufte dieses Stück 1786 für 60 Reichstaler. Es wurde 1930 für das Rote Haus zurückerworben: Inventar-Kartei des Scheibler-Museums Rotes Haus Monschau, bearbeitet von Hans Rudolf Peters (im folgenden abgekürzt Kartei RH) /B 136. – Die Kartei existiert in zweifacher Ausfertigung: im Roten Haus Monschau und im Rheinischen Museumsamt, Pulheim-Abtei Brauweiler.

36 Schenkung von Prof. Herbert Scheibler, Berlin, 1966. Kartei RH/B 50.

37 Kartei RH/6. 1–4. – Der linke Putto folgt der Stichvorlage genau. Der rechte Putto ist seitenverkehrt nach dem mittleren vorderen Putto bei Lépicié variiert.

38 Geschenke von Dr. Christian Mathes-Oeder 1932: Kartei RH/KS I.8.1–2.

39 Kartei RH/KS II.23, 24.

40 Barkhausen (wie Anm. 1), S. 77.

41 1909 fanden sich unter der Wandbespannung die beiden Grisaillebilder im Gelben Zimmer und im Blauen Salon. Beim Abbau des Sockelpaneels kamen 1972 Fragmente einer ›indianischen‹ blumenbemalten Wandbespannung (um 1770) zutage, von der Teile bereits 1909 gefunden worden waren. Sie dienten als Vorlage für die damals neugemalte Wandbespannung im Eßzimmer.

42 Stadtarchiv Monschau. Erbungs-Buch des Landgerichts Montjoie III, 1778–1793, S. 51.

43 Besitzer war 1823–1856 laut Urkataster der Apotheker Korte.

44 Angekauft 1910: Kartei RH/B 18, 19. 1–2.

45 Angekauft ca. 1910: Kartei RH/B 130.

46 Kartei RH/L 6.

47 Kartei RH/L 2.

48 Kartei RH/L 3.

49 Wiedererworben 1924: Kartei RH/B 12.

50 Kartei RH/F 27. – Der Schlitten wurde 1952 für das Scheibler-Museum von Walter Scheibler zur Verfügung gestellt.

51 Nachlaßstiftung 1966: Kartei RH/B 2.

52 Auktionsankauf 1911: Kartei RH/K 12. 1–2.

53 Auktionsankauf 1972: Kartei RH/C 2.

54 Kartei RH/B 81. 1–7.

55 Vgl. die Repräsentationsbildnisse in Schloß Augustusburg zu Brühl: Wilfried Hansmann/Gisbert Knopp, Stadt Brühl (= Die Bau- und Kunstdenkmäler von Nordrhein-Westfalen I. Rheinland 7.3). Berlin 1977, Abb. 420–464 u. a.

56 Erworben 1909: Kartei RH/B 17.

57 Kartei RH/K 5.1, 5.2

58 Aus einer Nachlaßversteigerung 1930: Kartei RH/KS I.13.1.

59 Erworben aus Erbnachfolgebesitz 1954: Kartei RH/B 1.

60 Marianne Schuster, Johann Esaias Nilson. Ein Kupferstecher des süddeutschen Rokoko 1721–1788. München 1936, S. 56, Nr. 66. – Die Kartusche erscheint gegenüber dem Stich variiert; weitgehend wörtlich sind die seitlichen Rahmenelemente übernommen. Auch die Gießkanne findet sich hier wie dort.

61 Der Storchschnabel um die Schnauze soll verhindern, daß der Vorsteherhund bei der Anzeige eines Fasans im Eifer allzu heftig zuschnappt.

62 Das Blatt gehört zu der Sammlung ›Jaeger und Falkoniers mit ihren Verrichtungen‹ und ist mit dem Buchstaben J bezeichnet: Georg August Wilhelm Thienemann, Leben und Wirken des unvergleichlichen Thiermalers und Kupferstechers Johann Elias Ridinger etc., Leipzig 1856, S. 35.

63 Auf Blatt 35 – ›Ein auf den Raub ausfallender Tiger‹ – im Stichwerk ›Entwurff Einiger Thiere etc.‹, Augsburg 1738–

1740. Faksimileausgabe aller 90 Stiche, eingeleitet von Wolfgang Schwarze. Wuppertal 1975. – Hier bereits die Kopfform, die an die eines Hundes erinnert.
64 Folge VI, Blatt 4 der ›Cartouches Modernes orné avec des diferentes Figures‹: Schuster (wie Anm. 60), S. 57 f., Nr. 61.
65 Erworben 1958: Kartei RH/B 103.
66 Das Leinwandbild wurde 1980 vom Wandgrund gelöst, auf eine Sperrholzplatte übertragen und auf die Wand montiert: Kartei RH/K 9. – Eine Variante des Gemäldes, als Werk eines französischen Meisters des 18. Jahrhunderts bezeichnet, abgebildet in: Katalog ›Alte Kunst‹, Kunsthaus am Museum Carola van Ham, 140. Auktion, Köln 1992, Nr. 966, Tafel 88. – Nach Schoenen (wie Anm. 9), S. 48, geht die Komposition auf ein Gemälde von Nicolas Lancret zurück.
67 Jakob Wilhelm Flosdorff, Gußeiserne Heimatgeschichte. Der Mardochäus-Ofen im Roten Haus. In: Heimatkalender Landkreis Monschau 1962, S. 115 ff.
68 Schoenen (wie Anm. 9), S. 41 f.
69 Ebenda, S. 42.
70 Ebenda, S. 44.
71 Günter Bandmann, Ein Festsaal des 18. Jahrhunderts. In: Festschrift Friedrich Gerke. Baden-Baden 1962, S. 192.
72 Bärbel Kerkhoff-Hader, Die Tuchmacherreliefs im Roten Haus in Monschau. In: Textilarbeit (= Rheinisches Jahrbuch für Volkskunde 27, 1987/88). Bonn 1989, S. 159.
73 Wilhelm Messerer, Kinder ohne Alter. Putten in der Kunst der Barockzeit. Regensburg 1962, S. 9, 26.
74 Der sitzende Putto erhielt die nach vorne gebeugte Rückenhaltung der Stichvorlage; der Putto auf der Blütengirlande verdankt ihr die Beinhaltung.
75 Rudolf Berliner, Ornamentale Vorlageblätter des 15. bis 18. Jahrhunderts, Textband. Leipzig 1926, S. 97; Tafelband 400, 1.
76 Kerkhoff-Hader (wie Anm. 72), S. 173.
77 Ebenda.
78 Johann Georg Scheibler, Gründliche und praktische Anweisung, feine wollene Tücher zu fabriciren. Breslau–Leipzig 1806, S. 61; hier zit. nach: Kerkhoff-Hader (wie Anm. 72), S. 173.
79 Barkhausen (wie Anm. 1), S. 43.
80 Kerkhoff-Hader (wie Anm. 72), S. 160.
81 Barkhausen (wie Anm. 1), S. 26.
82 Über die Tuchschere ausführlich: Juliane und Friedrich Karl Azzola, Ein spätmittelalterlicher Schlußstein im Heimatmuseum der Stadt Bingen auf Burg Klopp mit einer Schere und einer Tuchschere als historische Handwerkszeichen. In: Alzeyer Geschichtsblätter 23, 1988, S. 135 ff. – Friedrich Karl Azzola, Die Tuchschere aus dem Reckhammerwerk der Gebrüder Vogt, Mülheim an der Ruhr, im Heimatmuseum der Stadt Osterode am Harz. In: Heimatblätter für den süd-westlichen Harzrand 46, 1990, S. 67 ff.
83 Kerkhoff-Hader (wie Anm. 72), S. 168.
84 Ebenda, S. 180.
85 Faymonville (wie Anm. 5), S. 87.
86 Schoenen (wie Anm. 9), S. 46, Abb. 94 f.
87 Ebenda, S. 47. – Ir. Stan Leurs, Lier (= Ars Belgica. III), eingeleitet von J. A. Goris. Antwerpen 1935, S. 47, Abb. 90–94. Die Treppe wurde von Willem van Everbroeck aus Lier gefertigt.
88 Joseph Philippe, Meubles, styles et décors entre Meuse et Rhin. Lüttich 1977, S. 249.
89 Die drei kolorierten Federzeichnungen des ›Artillerie Capitaines‹ Laub – ›Gärten der Tuchmacher in Monschau‹ (Ft. S. 73), ›Ansicht der Stadt Monschau vom Rahmenberg mit Burg und Aukloster‹ (Abb. 1), ›Monschau von der Burg aus‹: Faymonville (wie Anm. 5), S. 54 f. – waren bis 1990 nur durch Schwarzweißfotografien bekannt. Wolfgang Zahn entdeckte die beiden erstgenannten Originalblätter im Stadtarchiv Monschau wieder, leider in stark durch Feuchtigkeitseinwirkung beschädigtem Zustand. Die dritte Zeichnung aus dieser Serie ist noch nicht wieder aufgetaucht: Wolfgang Zahn, Monschau – Drei historische Ansichten wiedergefunden. In: Denkmalpflege im Rheinland, 7. Jg. Nr. 4, 1990, S. 23.

Die Geschichte der Familie Scheibler

Elisabeth Nay-Scheibler

Die Geschichte einer Familie beinhaltet im allgemeinen eine Genealogie, einen Stammbaum mit der urkundlich und zeitlich geordneten Abfolge der Ahnen, ihrer Hochzeiten und Geburten. Existiert eine solche Sippenchronik, kann sie für die Familienangehörigen eine persönliche und interessante Bereicherung sein. Für Außenstehende ist sie dies wohl weniger, es sei denn, eine solche Familie hat durch ihre besonderen Leistungen und Hinterlassenschaften eine übergeordnete und bis in die Gegenwart reichende Bedeutung. So werde ich versuchen, das Besondere wie auch das Typische der Familie Scheibler in der Schilderung ihrer Geschichte anschaulich zu machen.

Neben mündlichen Überlieferungen, die mir durch meinen Mann – Christoph Scheibler, den Sohn des Stifters des Roten Hauses – bekannt wurden, konnte ich bei meinen Recherchen auf zwei wichtige Quellen zurückgreifen: auf die von Carl Scheibler in zweiter, verbesserter Auflage 1895, bei DuMont-Schauberg, Köln, erschienene Publikation ›Geschichte und Geschlechtsregister der Familie Scheibler‹ und auf die von seinem Sohn Hans C. Scheibler und Karl Wülfrath herausgegebene ›Westdeutsche Ahnentafel‹, die in der Reihe der Veröffentlichungen der ›Gesellschaft für Rheinische Geschichtskunde‹ 1939 bei Hermann Böhlaus Nachfolger Weimar erschienen ist.

Aber trotz dieser verdienstvollen Bemühungen der Familie, ihr Geschlechtsregister und ihre Geschichte publizistisch und historisch zu überliefern, wäre der Name Scheibler, so wie der vieler anderer ehrenwerter und traditionsreicher Industriefamilien, wohl nur noch einem engeren Kreis ihrer Heimat bekannt, hätten ihre ehemaligen Produktionsstätten und Produkte nicht überdauert. Durch das ›Rote Haus‹, das Johann Heinrich Scheibler als Wohn- und Geschäftshaus seiner in Monschau gegründeten Tuchfabrik erbauen ließ, hat sich eine die Zeiten überstehende Erinnerung an diese Familie und ihre kulturelle Bedeutung erhalten. Ähnlich wie sich die Fürsten Europas durch die Errichtung künstlerisch wertvoller Bauten ihren Nachruhm sicherten, der wirksamer war als mancher siegreiche Feldzug oder andere historische Taten, so hat sich in der sichtbaren Schönheit und Harmonie des Barockbaus des Roten Hauses und seiner Inneneinrichtung bis heute ein glanzvolles Zeichen der Leistung und Vergangenheit dieser Patrizierfamilie manifestiert. Das Einzigartige solch architektonischer Hinterlassenschaft besteht darin, daß man ihre Geschichte und die ihrer Erbauer nicht durch die Literatur erfährt, sondern ihre Schönheit und den Charakter des Stils unmittelbar mit allen Sinnen aufnehmen und sich bis in die Gegenwart daran erfreuen kann. Hierzu braucht man kein Fachmann zu sein, das künstlerische Erlebnis, eine solche Wohnkultur kennenzulernen, kann jeder Interessierte erfahren, der das Rote Haus besucht.

Um die weitreichende europäische Verzweigung und die Verdienste der Familie Scheibler auf einen Blick einzusehen, ist die Wappentafel abgebildet (Vorsatz hinten).

Der älteste der Söhne Johann Heinrichs – Bernhard Georg (1724–1786) – wurde zum ›Edlen von Scheibler‹ geadelt. Aus derselben Linie ging der unter Kaiserin Maria Theresia verdiente und zum Freiherrn geadelte K. K. österreichische Feldmarschall Carl Wilhelm von Scheibler (1772–1843) hervor. Andere Familienmitglieder erhielten in Hessen, in der bayerischen Kurpfalz, unter Friedrich dem Großen in Preußen und im königlichen Italien den Adelsbrief.

Als geschlossene Familie werden die Scheiblers bereits um 1500 in dem oberhessischen Städtchen Gemünden an der Wohra, nahe der Stadt Marburg, erwähnt.

Einer der ersten in der Ahnenreihe ist Johannes Scheibler (1529–1594), ein wohlhabender Bürger, der große Ländereien besaß, Bierbrauerei und Schafzucht betrieb – daher der Widderkopf in seinem Wappen. Er wurde Ratsherr, bekleidete vielerlei Ehrenämter und gehörte bereits in dieser Frühzeit der Reformation als Kirchenältester der lutherischen Gemeinde an. So verband er merkantiles Talent mit einem reformatorisch-revolutionären Geist, und darin folgten ihm seine Nachkommen. Der Sohn Johannes (1553–1597) wurde lutherischer Pastor und Magister im hessischen Armsfeld.

Als bedeutender Theologe und führender Kopf des deutschen Protestantismus während des 30jährigen Krieges ging dessen Sohn Christoph, auch Christophorus genannt (1589–1653; Abb. 99), in die Geschichte ein. Schon mit 19 Jahren erhielt er als Magister für Philosophie einen Ruf an die neu gegründete Universität in Gießen, wurde dort Pädagogiarch, Dekan und 1617 Rektor. 1625 kam er als Superintendent, Leiter und erster Lehrer an das berühmte Dortmunder Archigymnasium, das damals als das Zentrum des rheinisch-westfälischen Protestantismus galt. Unter seinen zahlreichen Publikationen wird sein zweibändiges Werk ›Opus Metaphysikum‹ auch in Oxford verlegt. Der Überlieferung nach setzte sich sein praktischer Intellektualismus gegen die kleinlichen Streitigkeiten der Schulmetaphysik durch. Er folgte damit dem Erbe der Humanisten. Zu seinem Abschied von der Gießener Universität schenkte ihm Landgraf Ludwig von Hessen als Dank und zur Erinnerung einen prächtigen, vergoldeten Pokal – eine schöne Goldschmiedearbeit des Nürnberger Meisters Peutmüller –, der noch heute im Besitz der Familie Scheibler ist und bei Festen zum gemeinsamen Umtrunk genutzt wird (Ft. S. 82).

Das Porträt des Christophorus zeigt die Züge eines klugen, kraftvollen und selbstbewußten Mannes. Seine rechte hochgezogene Augenbraue ist ein physiognomisches Merkmal, das sich auf einige seiner Nachfahren vererbt hat.

In der Wahl ihrer Ehefrauen waren die Scheiblers glücklich und standesbewußt. Sie heirateten Frauen aus ebenso angesehenen Familien protestantischer Herkunft, die ihnen viele Kinder schenkten. Durch diese bewußt geführte Familientradition konnte das hohe geistige und moralische Niveau über Generationen erhalten werden.

Aus dem Hause Scheibler sind 24 lutherische Pfarrer hervorgegangen, 12 Töchter heirateten Pastoren. Auch die Söhne von Christophorus wurden Gelehrte und Pastoren, so daß man bereits im 16. und 17. Jahrhundert von einer einflußreichen und das Luthertum aktiv fördernden Familie sprechen kann. Die erstaunlichen Erfolge in der Wissenschaft und der seelsorgerischen Pädagogik sind im Familienerbe der intellektuellen Begabung und der Neigung zum sozialen und religiösen Engagement begründet.

Ein halbes Jahrhundert nach dem 30jährigen Krieg, unter veränderter Zeitkonstellation, kommt plötzlich in der Entwicklung der Familie ein neues Element zur Entfaltung – der Aufstieg zu kaufmännischer Unternehmerschaft.

99 Christoph Scheibler
(1589–1653)

100 Johann Heinrich Scheibler
(1777–1837)

101 Carl Ludwig Aurel Scheibler
(1823–1905)

102 Carl Johann Heinrich Scheibler
(1852–1920)

Diele im ersten Stock
mit Durchblick ins Kabinett,
in das Gelbe Zimmer
und in den Blauen Salon

Pokal. Goldschmiedearbeit des Nürnberger Meisters Peutmüller. Um 1620

Dieses Talent trat zuerst in der überragenden Persönlichkeit des Johann Heinrich Scheibler (1705–1765) zutage, eines Urenkels des Christophorus. Sein Porträt (Ft. S. 12) zeigt einen straffen, drahtigen Mann mit Führungsbewußtsein, seine Augen und sein Mund zeugen von Humor und Weltzugewandtheit. Der Vater – Bernhard Georg Scheibler (1674–1743) – war noch Pastor und Generalinspektor der bergischen Synode in Volberg (heute Rösrath-Hoffnungsthal) und seine Mutter – Johanna Katharina, geb. Wittenius (1675–1749) – die Tochter des dortigen Pastors und Amtsvorgängers Bernhard Georgs. Aber nur mehr zwei der Brüder Johann Heinrichs werden Pastoren, er und sein Bruder, Wilhelm Winand Gerhard, der später als Direktor die ›Königl. Preussische Tuchfabrique‹ unter Friedrich dem Großen in Berlin leitet, wenden sich der Tuchmacherei zu. Johann Heinrich besucht zwar noch die Lateinschule zu Lennep, einer alten jülichbergischen Tuchmacherstadt, jedoch ist die Lust, sich dem kaufmännischen Handel zu widmen, größer als zu studieren. So tritt er 1720, mit 15 Jahren, als Handlungslehrling in die Tuchfabrik der reichen lutherischen Eifelfamilie des Matthias Offermann in Imgenbroich (bei Monschau) ein, dessen Vorfahren die erste Tuchmanufaktur des Monschauer Landes gegründet haben.

Die gebirgige Eifellandschaft um Monschau gehörte damals zu den ärmsten Gegenden Deutschlands. Außer Torf und Schafweiden gaben die Böden nichts her, doch die hervorragende Qualität des in Bächen und Flüssen reichlich vorhandenen Wassers war der Vorzug, den das Tuchmachergewerbe nutzen konnte. Das reine, kalkfreie Wasser – zum Waschen, Entfetten und Färben der Wolle geeignet – war in jener Zeit ohne chemische Hilfsmittel die Voraussetzung für die Herstellung guter Tuche. Da es in diesen felsigen Eifelhöhen am Hohen Venn kaum Landwirtschaft gab, standen auch genügend Arbeitskräfte zur Verfügung.

Nach Abschluß seiner Lehre heiratete Johann Heinrich 1724 die Tochter seines Lehrherrn – Maria Agnes Offermann (1698–1752) –, die in erster Ehe dem Monschauer Tuchfabrikanten Christian Schlösser verbunden war. Als Heiratsgut brachte die junge Witwe Maria Agnes aus dem Schlösserschen Erbe eine Monschauer Tuchfabrik in die neue Ehe ein, die Johann Heinrich zunächst weiterführte, um sie später mit seiner eigenen Fabrikation beträchtlich zu überflügeln.

Auf diesem soliden Sockel machte sich der 18jährige mit großem Elan an seine neue Aufgabe. Die um sieben Jahre ältere Maria Agnes, deren Porträt Klugheit und Warmherzigkeit ausstrahlt, wird dem jugendlichen Unternehmer Rat und Beistand gegeben haben (Ft. S. 13). Ihre 43jährige Ehe war mit 10 Kindern gesegnet.

Monschau, auch französisch Montjoie genannt, produzierte damals vorwiegend einfache, für den Alltagsgebrauch benötigte Tuche, ›Grobe Gewandschaft‹ genannt. Mit unternehmerischem Weitblick und mit unverkennbarem Ehrgeiz erkannte Johann Heinrich hier eine Marktlücke und wurde zum Begründer der ›Feinen Gewandschaft‹, die später einen weltweiten Rang einnehmen sollte. Er führte als erster die sehr viel feinere Merinowolle aus Spanien ein und verbesserte damit die Qualität seiner Tuche. So konnte er seine Produkte nicht nur in der Umgebung, sondern auch auf den großen Märkten und Messen der Städte absetzen. Da die einheimischen Spinner und Weber zu grobe Hände für die Bearbeitung der feinen Wolle hatten, holte er sich erfahrene Kräfte aus dem flämischen Nachbarland.

Um den modisch-extravaganten Ansprüchen jener Zeit nachzukommen, fertigte er nicht nur einfarbige, sondern auch ›geflammte‹, besonders schön gemusterte Stoffe an. Das verlangte nach neuen Rezepturen der Färberei, die unter seiner Regie vorgenommen wurde. Zudem waren begabte Leute am Werk, die die ausgefallenen Stoffmuster entwarfen. Wir würden sie heute Designer nennen. Da es zu jener Zeit nur dem Adel erlaubt war, bunte Seidenwesten zu tragen, bot Scheibler nun mit seinen farbigen, elegant gemusterten Wollstoffen auch dem aufstrebenden Bürger die Möglichkeit, die Mode der Fürsten nachzuahmen. Man rühmte Johann Heinrich später als den ›Größten Rafinadeur‹, was bedeutet, daß er mit Farbensinn und einem ungewöhnlich sicheren Geschmack begabt war.

Der Erfolg blieb nicht aus, der Umsatz stieg gewaltig, und Scheibler gründete in ganz Europa Kommissionshäuser, über die der Export bis in die Harems der Türkei, nach Ägypten und Persien betrieben wurde – mit Pferdewagen und per Schiff. In seinen Diensten standen an die 6000 Menschen.

Doch täusche man sich nicht: Es gab auch damals erhebliche Schwierigkeiten und soziale Auseinandersetzungen. So ist in den zeitgenössischen Archiven ein langwieriger Streit um die Abwehr einer Zunftverfassung protokolliert. Johann Heinrich setzte eine neue ›Freie Fabrikenordnung‹ durch, die er gemeinsam mit den ihm meist verwandten und verschwägerten Monschauer Tuchfabrikanten und als Vorsteher der ›Feinen Gewandschaft‹ eigenhändig, in eindeutiger, aber auch harter Weise verfaßte. Im Hintergrund stand der Konkurrenzkampf zwischen der rückläufigen ›Groben Gewandschaft‹ und den so erfolgreichen Tuchfabrikanten der ›Feinen Gewandschaft‹. Zudem gab es Neid und Anfeindungen konfessioneller Art. Obwohl Johann Heinrich bereits 1751 den finanziellen Grundstock zu einem Kirchenbaufonds für die Errichtung einer lutherischen Kirche in Monschau legte, hat er die Fertigstellung des 1789 im schönsten Louis-seize-Stil erbauten Gotteshauses nicht mehr erlebt.

Vitrinenaufbauschrank. In ihm wird u. a. das Steingutservice mit dem Wappen Scheibler-von Mallinckrodt aufbewahrt

Lange vor Baubeginn erwarb Johann Heinrich das zentral gelegene Grundstück im Mündungswinkel zwischen Laufenbach und Rur, auf dem er später das ›Rote Haus‹ – als zweigeteiltes Wohn- und Geschäftshaus (auch ›Soll- und Habenhaus‹ genannt) – errichtet. Der linke Wohnteil wird ›Zum goldenen Helm‹, der rechte ›Zum Pelikan‹ genannt. Über den beiden Haustüren sind diese Namen durch entsprechende Embleme gekennzeichnet.

Pläne des Hauses liegen bereits 1752 vor, der Name des Architekten ist nicht bekannt. Doch deuten Ausgewogenheit, Strenge und Klarheit der Barockarchitektur auf einen bedeutenden Baumeister hin. Erstaunlich ist, daß dieser – wohl im Sinne des Bauherrn – die dekorative Prächtigkeit fürstlicher Schloßbauten vermieden hat. Damit repräsentierte der Bauherr den Stolz auf eigenständige Leistung und den Wohlstand seiner angesehenen Familie.

Johann Heinrich bewohnte sein neu erbautes Haus nicht mehr. Ob er nach dem Tod seiner Frau 1752 sich nicht mehr verändern wollte oder ob er krank wurde, ist nicht mehr nachweisbar. Es ist zwar belegt, daß er sich noch zu Lebzeiten sein eigenes Grabmal errichtet hat und es »in gesunden Tagen oftmals besehen« habe, doch ist sein Grab nicht an der Seite seiner Frau auf dem Scheiblerschen Familienfriedhof im nahegelegenen Kirchdorf Menzerath zu finden. Es ist unbekannt. Sein zweitältester Sohn Wilhelm (1737–1797) zog statt seiner mit seiner anwachsend großen Familie in das Rote Haus (Ft. S. 88).

Über die künstlerischen und architektonischen Besonderheiten dieses aus roten Ziegeln errichteten Hauses, berichtet der Kunsthistoriker und Barockspezialist Wilfried Hansmann in diesem Buch. Nur so viel möchte ich anmerken, daß in der eleganten freischwebenden Wendeltreppe im Wohnteil ›Zum goldenen Helm‹ nicht allein ein krönender Schmuck der Innenausstattung zu sehen ist. Damit verknüpft ist eine geniale Idee, die dem Einfallsreichtum Johann Heinrichs entsprungen zu sein scheint. In den 21 Kartuschen des Schnitzwerkes der Treppe findet man die einzelnen Arbeitsstadien des Tuchmacherhandwerks in beachtlich künstlerischer Weise dargestellt. Vom Schaf, das die Wolle liefert, über alle Schritte der Fabrikation bis zum fertigen Tuch und Transport der Produkte ist diese Bilderfolge durch die Treppe unlösbar mit dem Haus verbunden und verewigt. Das zeigt einen für damalige Zeiten geradezu modernen Sinn für Werbung und gleichzeitig den Kunstverstand des stolzen und erfolgreichen Fabrikherrn. Es gibt in der Kunstgeschichte des

103 Allianzwappen Scheibler-Böcking am Schrank im Gelben Zimmer. Um 1766 (vgl. Ft. S. 80/81)

18. Jahrhunderts keine vergleichbare Produktionsprozesse abbildende Bilderfolge. Hätte Johann Heinrich sie als Gemälde oder Kupferstiche in Auftrag gegeben, wären sie vermutlich im Lauf der Zeit durch Erbschaften, Verkauf oder auf andere Weise verloren und nicht bis heute erhalten geblieben.

Auch das Wappen Johann Heinrichs zeugte von seinem Einfallsreichtum. Im frühen 16. Jahrhundert zeigte es einen Widderkopf. In der langen Periode der lutherischen Theologen und Pastoren wandelte dieser sich zu einem laufenden Widder, möglicherweise in Anlehnung an das religiöse Symbol des ›Lamm Gottes‹. Während der Lebenszeit des Johann Heinrich wird daraus ein hochsteigender Widder, vielleicht in Entsprechung des Elans und der Energie, die zum merkantilen Aufstieg der Familie beitrugen und die Scheiblers in wenigen Jahrzehnten zu führenden Tuchfabrikanten Europas machten.

Die Brüder Johann Heinrichs ehrten ihn nach seinem Tod durch das nachfolgende Trauergedicht:

»Der Ahnen Widder zeigt im Siegel,
Daß sie durch Wolle sich ernährt,
Wer weiß, war dies nicht auch ein Spiegel,
Wie uns jetzt die Erfüllung lehrt,
Daß das Glück nach langer Zeit,
Hierdurch den Enkeln sey bereit.

Dein Sinn muß sich zur Handlung lenken,
Drum gab dir des Himmels Huld,
Fleiß, Überlegung, tiefes Dencken,
Erfindungs-Kraft, Verstand, Gedult,
Und ein besonderes Talent,
So von dir ward recht angewendt.«

Mögen diese Verse auch laienhaft ungelenk klingen, so fällt doch auf, daß darin nicht die religiösen Tugenden des Bruders, sondern sein Erfolg und die ihn dazu befähigenden Begabungen und Charaktereigenschaften genannt werden.

Ein anderer zeitgenössischer Bericht, der 1793 im ›Geographisch-Statistischen Zeitungs-Lexikon‹ von W. Jäger, Krefeld, überliefert ist, dokumentiert anschaulich die Situation Monschaus im 18. Jahrhundert und vor allem die Bedeutung, die Johann Heinrich Scheibler und seine Söhne an der wirtschaftlichen und kulturellen Entwicklung diese Stadt hatten:

»Montschau, franz. Montjoye, Amt und kleine Stadt im Herzogthum Jülich, in der sogenannten Fenn, franz. la Fange, gelegen, hat in der Mitte der Stadt ein festes Schloß auf einem Berge mit einer Garnison von Invaliden, allwo bisweilen Staatsgefangene verwahret werden. Der Ort liegt sehr tief, ist mit schroffen Felsen umgeben, und eine der ärmsten Gegenden in der Welt, indem weder Frucht noch Gemüs daselbst wächst. Mit Ausgang Septembers siehet man zur Noth unreife Kirschen. Diesen Mangel der Natur hat die Kunst durch die dasigen Wollfabricken, die allen Fabricken dortiger Gegend den Rang streitig machen, abgeholfen, indem die Früchte aus den benachbarten reichen Gegenden häufig zugefahren, aus Lüttich und Mastricht aber durch ihre sogenannten Portressen, die Gemüße in solcher Menge herbeygeschaft werden, daß es an nichts ermangelt. Die Armuth des Landes verschaft den Fabricken Hände genug zur Arbeit, so daß manche Fabricke, deren wenigstens zehen in diesem Orte sind, bis tausend Menschen ernähret. Die Fabricanten sind mehrentheils Protestanten und haben ihre eigene Kirche 1/4. Stunde außer der Stadt, in dem Dorfe Menzerad. In der Stadt ist eine katholische Kirche. – Scheibler war einer der ersten Fabricanten in diesem Ort, von welchem dermalen 3–4. Söhne eigene Fabricken besitzen; sie haben an dem durch die Stadt gehenden Forellenreichen Fluß, die schönsten Gebäude, an Walk- und Rauhmühlen, Färbereyen, Wollwaschen und dergl. angelegt. Ihr Vater, um sich eine bessere Aussicht zu verschaffen, ließ die seinem Wohnhaus gegen über stehenden fürchterlichen Felsen mit erstaunlichen Kosten terrassiren, die schönsten Espaliers und Hecken anlegen, Fontainen und Cascaden anrichten, und bauete aus seinem Wohnhaus eine bedeckte Brücke über den Fluß, um gerade in diesen Kunstgarten zu gehen. – Die Fabricanten haben ihre Tuchrächen und Trocken Häuser auf den höchsten Felsen angebracht. In letztern kann man Winterszeit einheitzen. Sie versenden ihre Tücher unmittelbar nach der Türkey, Egypten, Persien, und andere entlegene Länder, allwo sie ihe eigene Commis haben.«

Meine Gedanken über Johann Heinrich Scheibler möchte ich damit abschließen, in ihm ein frühes Beispiel für den Aufstieg einer rheinischen Industriefamilie im Europa des 18. Jahrhunderts zu sehen. Im Gegensatz zu berühmten Industriefamilien der USA im 19. Jahrhundert, die oft als mittellose Einwanderer ins Land gekommen waren und ohne Bildungshintergrund und Familienzusammenhalt ihre Karrieren als ›selfmademen‹ machten, haben die meisten Gründerfamilien der rheinisch-westfälischen Großindustrie eine lange Familientradition und eine hervorragende intellektuelle und wirtschaftlich sachbezogene Ausbildungen genossen. Ihre zielbewußte Heiratspolitik führte dazu, daß sie fast alle miteinander verwandt oder verschwägert sind. Ein Blick in die ›Westdeutschen Ahnentafeln‹ beweist diese bemerkenswerte Tatsache.

Historisch findet diese Entwicklung im ausgehenden 20. Jahrhundert ihr Ende, da sich durch die Größe der Unternehmen und die sozialpolitischen und wirtschaftlichen Veränderungen die von einer Persönlichkeit oder einer Familie getragenen Betriebe kaum mehr halten können. Ihre kulturelle Bedeutung aber wird fortleben. Das ist daraus ersichtlich, daß in dem dichtbesiedelten rheinisch-westfälischen Raum – bis zum heutigen Tag – prozentual

Festsaal ▷

Wilhelm Scheibler und seine
Gemahlin Theresia Elisabeth,
geb. Böcking. Um 1780

die meisten Universitäten, Museen, Theater, Opernhäuser, Orchester und privaten Kunstsammlungen der Welt bestehen.

Der Lebensstil der zu Reichtum und hohem Ansehen gelangten Monschauer Fabrikherren wandelte sich in der Mitte des 18. Jahrhunderts zu kultivierter Weltoffenheit und Eleganz. Man widmete sich der Jagd, feierte luxuriöse Feste, zu denen man französische Musiker ins Haus holte, schickte die Töchter auf Schweizer Schulen und die Söhne auf weite Reisen durch Europa. Die Häuser waren prächtig möbliert, Porträtbilder wurden in Auftrag gegeben – wahrscheinlich kam zu dieser Zeit auch die kuriose Tapete einer Bildergalerie ins Rote Haus (Ft. S. 26/27). In dieser Blütezeit heiratete Wilhelm (1737–1797) – ein Sohn Johann Heinrichs – Theresia Elisabeth Böcking (1744–1792), die Tochter einer alten, wohlhabenden Kaufmannsfamilie zu Trarbach a. d. Mosel (Ft. S. 33). 13 Kinder gingen aus dieser Ehe hervor. Wilhelm machte sich einen Namen durch die Erfindung neuer Färbeverfahren, die er streng geheimhielt. Gleichzeitig richtete er die ersten sozialen Kranken- und Sterbekassen für seine Werkleute ein. Schon um 1770 dachte er an mechanische Spinnereien und traf für diese umwälzende technische Reform seine Vorbereitungen. Der Ausbruch der Französischen Revolution 1789 und der Einmarsch der Franzosen, die ab 1794 für 20 Jahre Monschau besetzt hielten, zerschlugen diese Pläne. Ein allgemeiner wirtschaftlicher Niedergang war nicht mehr aufzuhalten. Der Geschmackswandel in der Mode brachte die Nachfrage nach leichteren Stoffen, so füllten sich die Lagerhäuser mit den nicht mehr absetzbaren schweren Tuchen. Dazu kam der Währungsverfall durch die Ausfuhrbeschränkungen der Franzosen.

Um 1804, einige Jahre nach dem Tod Wilhelms, war fast das ganze Vermögen verloren. Trotz der widrigen Umstände gelang es dessen jüngerem Sohn Friedrich Jacob (1774–1834) durch Zusammenschluß mit belgischen und französischen Firmen, die Pläne seines Vaters durchzusetzen und 1805 die erste mechanische Spinnerei in Monschau einzurichten. 1806 wurden seine Stoffe auf der Industriemesse in Aachen mit einer Goldmedaille prämiert. Dafür hatte man, auf Verlangen der französischen Behörden, ein Musterbuch der in den letzten 50 Jahren angefertigten Gewebe nur widerwillig eingereicht (Ft. S. 118). Durch dieses geschmackvoll aufgemachte Musteralbum mit seinen auch heute noch bezaubernd schönen Stoffmustern ist uns ein Zeitdokument der großen handwerklichen und künstlerischen Leistung der Scheiblerschen Tuchmacherdynastie erhalten geblieben.

Johann Heinrich Scheibler (1777–1837; Abb. 23) – ein zweiter Sohn Wilhelms – wuchs noch in Monschau auf, bereiste dann ausgiebig Italien, wo er sich umfassende Kenntnisse für seinen späteren Beruf als Seidenfabrikant erwarb. Er wird als hochgebildeter, humorvoller und geselliger Mann beschrieben. 1806 heiratete er die Tochter des größten Seidenfabrikanten in Krefeld – Marie Heydweiller (1785–1846) – und trat in das Unternehmen seines Schwiegervaters ein. Nach dessen Tod gründete er im Jahre 1834 die Samt- und Seidenmanufaktur Scheibler & Co., die er zu einer Weltfirma dieser Branche ausbaute.

Neben den kaufmännischen Erfolgen zeichnete sich Johann Heinrich ganz besonders auf musikalischem Gebiet aus. Sein Haus wurde zu einem Zentrum des damaligen Musiklebens. Er selbst spielte mehrere Instrumente, widmete sich aber vor allem dem alten volkstümlichen Instrument der Maultrommel und entwickelte daraus 1816 ein neues Instrument, das er ›Aura‹ nannte – eine Art Mundharmonika (Abb. 104).

Der Dichter Hoffmann von Fallersleben berichtet von einem Besuch im Haus Scheibler:

104 ›Aura‹ – eine Art Mundharmonika, entwickelt von J. H. Scheibler. 1816

»Herr Heinrich Scheibler, ein reicher Bandfabrikant, war ein fein gebildeter Mann. Er hatte viele Reisen gemacht, viele Kunstsammlungen besucht und mit vielen Künstlern verkehrt, besonders in Italien. Er wußte sehr anziehend zu erzählen. Unvergeßlich aber ist mir sein wunderbares Spiel auf der Mundharmonika geblieben. Das waren Klänge, die aus einer anderen Welt herübertönten, wie ein geheimer Zauber tief in die Seele drangen. So etwas hatte ich noch nie gehört; ich war so mir selber entrückt, daß ich wie verzaubert dasaß.«

Leidenschaftlich beschäftigen Johann Heinrich Forschungen der musikalisch-physikalischen Akustik. Nach Jahrzehnten gelang ihm die Konstruktion des sogenannten ›Tonometers‹, eines Apparats mit 56 Stimmgabeln, der akustisch exakt den Kammerton ›a‹ bestimmen konnte. Damit wurde mit mathematischer Genauigkeit das Stimmen von Musikinstrumenten ermöglicht. 1832 wurde sein ›Tonometer‹ von einem Gelehrtenkreis des Physikalischen Vereins in Frankfurt a. M. geprüft und die Priorität seiner Erfindung bestätigt. Bald folgte die Anerkennung durch große Musiker und Physiker seiner Zeit, so von Carl Maria von Weber, Cherubini, Helmholtz u. a.

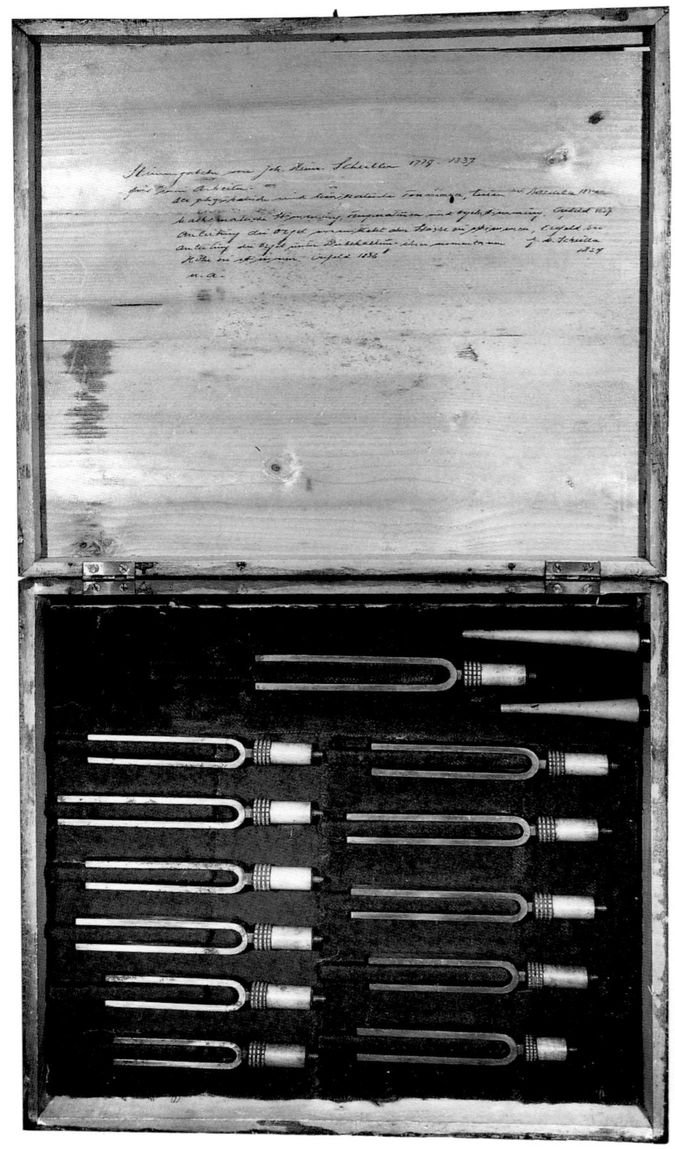

105/106 Sogenannte Tonometer zum Stimmen von Musikinstrumenten, konstruiert von J. H. Scheibler. Um 1830

Der jüngste Sohn Johann Heinrichs, der stattliche Aurel (1823–1905; Abb. 101), war mit der hübschen Anna Kaibel (1827–1858), der Tochter einer berühmten Krefelder Familie, verheiratet. Er widmete sich vorwiegend dem Rohseidenhandel, daneben auch der Musik und galt als ein hervorragender Pianist.

In Krefeld hielten die Nachkommen Johann Heinrichs den Namen der Stadt als Zentrum der Seidenindustrie aufrecht.

Ein Enkel – Emil Scheibler (1820–1863) – wanderte nach Mailand aus, und es gelang ihm, dank Verbesserungen der Spinnereimaschinen, dort eines der führenden Großunternehmen Italiens zu entwickeln. Sein Sohn Felix wurde 1896 zum Königl. italienischen Grafen ernannt.

Ein weiterer Nachkomme Johann Heinrichs, Karl Wilhelm Scheibler (1820–1881), gründete im polnischen Lodz ein Imperium der Tuchindustrie und machte die

Empirezimmer

Stadt zu einem ›polnischen Manchester‹. Trotz Zerstörung im Ersten und Zweiten Weltkrieg und politisch bedingter Unterbrechungen, wurde die Textilproduktion vor einiger Zeit wieder aufgenommen. Eines der prächtigen Palais der Scheiblers hat man vor wenigen Jahren restauriert und als Beispiel damaliger Wohnkultur der Öffentlichkeit zur Besichtigung freigegeben.

So sind, im Verlauf von 200 Jahren, von der Familie Scheibler und ihrer zahlreichen Verwandtschaft, beginnend in Monschau, die international bekannten und teilweise noch heute führenden Zentren der europäischen Textilindustrie ausgegangen. Natürlich waren der Fleiß und die überragenden Talente der jeweiligen Familienmitglieder dafür Voraussetzung. Im Unterschied zur Gegenwart aber fällt auf, welch bedeutende Rolle der enge Familienzusammenhalt gespielt hat und die selbstverständliche Nutzung der verwandtschaftlichen Beziehungen, ohne die eine Weiterführung einmal erreichter Erfolge oder auch die Überbrückung von Notzeiten niemals gelungen wäre.

In Monschau errichtete in schlimmster Franzosenzeit Friedrich Jacob Scheibler (1774–1834) ein großes Fabrikgebäude direkt neben dem Roten Haus (heute ein Apartmenthaus). Sein Nachfahre Alexander Scheibler (1804 bis 1877) stellte den Betrieb auf Reißwollherstellung um. Die Firma wurde von dessen Neffen Kommerzienrat Bernhard Scheibler (1846–1918) bis 1918 erfolgreich weitergeführt.

Das Rote Haus aber hat man 1862 an entfernte Verwandte verkauft, es ging später in den Besitz der Familie Christoffel über. 1908 ergriff Carl Scheibler (1852–1920; Abb. 102) die Initiative, das Stammhaus der Ahnen in den Familienbesitz zurückzuführen. Für 160 000 Goldmark erwarb er den Hausteil ›Zum goldenen Helm‹, während seine Verwandten Alexander und Bernhard Scheibler den anderen Teil ›Zum Pelikan‹ übernahmen.

Carl Scheibler, ein Sohn des Aurel, wuchs noch in Krefeld auf und erlernte in Lyon und bei Verwandten in Elberfeld den Tuchhandel. Doch als erster löste er sich aus der Familientradition und wechselte – die Zeichen der Zeit erkennend – zur chemischen Industrie. Er wurde zu einer der Gründerpersönlichkeiten der chemischen Großindustrie in Köln. Mit 26 Jahren trat er in die Firma Vorster & Grüneberg ein, die ihn mit dem Aufbau einer Verkaufsorganisation betraute. Im Verbund mit dieser Firma gründete er 1884 ein eigenes Verkaufsgeschäft, das sehr bald den Namen Scheibler trug. Im gleichen Jahr heiratete Carl Scheibler Lilla von Mallinckrodt (1856–1915) – Tochter eines Kölner Großkaufmanns und durch ihre Mutter mit der berühmten Kölner Bankiersfamilie Deichmann-Schaffhausen verwandt. Sie führten eine glückliche Ehe, aus der vier Kinder hervorgingen.

In einer Zeit, in der es in Deutschland noch Hungersnot gab, entwickelte er mit seinem gleichnamigen Vetter, einem Chemieprofessor in Berlin, aus dem Abfallprodukt der Thomasschlacke ein erfolgreiches Düngemittel für die Landwirtschaft. Dieses als ›Thomasmehl‹ noch heute produzierte Düngemittel brachte den Bauern einen enormen wirtschaftlichen Fortschritt und Aufschwung.

In der Gesellschaft war dieser Mann wegen seiner wachen Intelligenz und Bescheidenheit geachtet und beliebt. Als Kunstkenner galt seine Vorliebe dem Barock, und das war, neben seiner Familientreue, wohl auch der Grund, das Rote Haus in Monschau in den Familienbesitz zurückzuführen. Dafür gab er die aus dem Erbe seiner Frau stammende Hirschburg bei Königswinter auf. Zur Vervollständigung der Einrichtung in Monschau erwarb er viele Möbel, die in schönster Weise den schlichten Stil des Aachen-Lütticher Barock im Roten Haus repräsentieren.

Als 1910 Kaiser Wilhelm II. das Rote Haus besuchte (Abb. 107) und die Treppe mit dem barocken Schnitzwerk bewunderte, äußerte er den Wunsch, diese für das neuerbaute Kronprinzenpalais Cäcilienhof zu erwerben. Darauf entgegnete ihm Carl Scheibler entschieden: »Majestät, dies ist meine Treppe, und sie bleibt in meinem Haus.«

Bald nach Ausbruch des Ersten Weltkrieges sah Carl Scheibler die deutsche Niederlage voraus und damit die Bedrohung seines Lebenswerks. Er starb unerwartet 1920 in Köln. Für seine Verdienste war er mit dem Titel des Königl. Preußischen Kommerzienrates und der Ernennung zum Königl. Niederländischen Konsul ausgezeichnet worden.

Sein Sohn Hans C. Scheibler (1887–1963; Abb. 108) trat 1920 als Nachfolger seines Vaters in die CFK (Chemische Fabrik Kalk) ein und rückte in das Führungsgremium der zweiten Generation nach. Im gleichen Jahr heiratete er Lotte Müller (1894–1969) aus Rotterdam, Tochter einer großen Reeder-Familie, die überseeischen Erzhandel betrieb. Nach dem Zweiten Weltkrieg baute er gemeinsam mit den Teilhabern das völlig zerstörte Chemiewerk wieder auf, und aus der CFK wurde in wenigen Jahren ein blühendes Unternehmen mit über 2000 Beschäftigten.

Blick von der Prunktreppe in die Diele ▷

107 Kaiser Wilhelm II. besucht 1910 das Rote Haus

Hans C. Scheiblers besondere Liebe galt der Pflege und Erhaltung des vom Vater ererbten Roten Hauses. Seine Frau half ihm dabei und zeigte in der Auswahl der Dekorationen, der Farben und des weiterhin zur Ergänzung angeschafften barocken Mobiliars ihren sprichwörtlich guten Geschmack.

Ein Dienerehepaar wohnte ständig im Hause, sorgte für Ordnung und war stets auf den Besuch der Scheiblers aus Köln vorbereitet. Ab 1908 diente das Rote Haus der Familie als Feriensitz zum Erholungsaufenthalt.

1944, am Ende des Zweiten Weltkriegs, haben Monschau und das Rote Haus schwer gelitten. Im September 1944 besetzten die Amerikaner die Stadt, doch wegen der deutschen Ardennen-Offensive gingen die schweren Kämpfe weiter. Am 18. November, morgens um 6.00 Uhr, wurde das Rote Haus durch eine deutsche Granate in Brand gesetzt. Wegen der von den Amerikaner verordneten Ausgangssperre rückte die Feuerwehr zu spät aus, und der Dachstuhl der rechten Hausseite ›Zum Pelikan‹ brannte ab. Das Haus wurde mit einem Notdach versehen und erst viel später neu eingedeckt. Im Herbst 1945 nahmen englische Besatzungstruppen im Roten Haus Quartier und richteten erneut großen Schaden an.

Auch in den Nachkriegsjahren sorgte Hans Scheibler umsichtig für das Rote Haus. An manchen Tagen gab er es für den Besuch Interessierter frei. 1942 schon war der Hausteil ›Zum Pelikan‹ an die Stadt abgetreten worden.

Schließlich erwiesen sich kostspielige Reparaturen als notwendig. Da kam bei Hans Scheibler der Gedanke auf, das ganze Haus und seine Einrichtung durch eine private Stiftung der Öffentlichkeit zu erhalten und das Rote Haus in ein Museum zu verwandeln. Seine Kinder Christoph Scheibler und Christiane Koenigs, geb. Scheibler, waren mit diesem großzügigen Entschluß einverstanden und verzichteten damit auf ihr persönliches und historisch wertvolles Erbe.

1957 wurde der Landschaftsverband Rheinland für den Erwerb des Hausteils ›Zum Pelikan‹ aus der Hand der Stadt Monschau gewonnen, um später diesen gemeinsam mit dem linken Hausteil ›Zum goldenen Helm ‹ aus dem Besitz von Hans Scheibler in eine private Stiftung einzubringen. Kurz vor dem Tod des Stifters, 1963, fanden die Verhandlungen zwischen dem Landesdirektor Dr. Udo Klausa vom Landschaftsverband Rheinland und Hans Scheibler ihren Abschluß durch die Genehmigung der Stiftung durch die Landesregierung.

Am 30. Juli 1963 wurde die Stiftungsurkunde unter dem Namen:

›Stiftung Scheibler-Museum
Rotes Haus Monschau‹

unterschrieben und rechtsgültig. Dabei erhielten die Familie Hans Scheibler und ihre Nachkommen ein Wohnrecht im Roten Haus.

Acht Jahre lang wurde das gesamte Haus, außen und innen, durch den Landschaftsverband Rheinland mustergültig renoviert und 1980, als ein glanzvolles Beispiel barocker Architektur und Lebenskultur, wieder geöffnet.

Die herausragende Schönheit Monschaus ist im Vergleich mit anderen Eifelstädtchen oder Dörfern auffallend. Seine Bürger haben einen ästhetischen Sinn, der sich bis in die Gegenwart bewährt hat. Diese Kultur steht vermutlich im Zusammenhang mit der Tradition der jahrhundertealten Tuchmacherfabrikation. Neben dem Handwerk ist in diesem Beruf der künstlerische Umgang mit Farben und Formen Voraussetzung. Die Ausbildung zu einem prägenden Geschmack auch auf anderen Lebensgebieten hat sich über Generationen mitgeteilt und weitervererbt.

Zur romantischen Landschaft Monschaus mit den beiden Burgen und Flüßchen, dem mittelalterlichen und dem barocken Teil der Stadt, bietet das Rote Haus einen besonderen Farbakzent. Durch den hellroten, dem ursprünglichen Ziegelbau angepaßten Anstrich und dem dazu kontrastierenden Schiefergrau des Daches steht es zugleich in harmonischem Einklang mit seiner Umgebung.

Beim Betreten des Hauses spürt man unmittelbar seinen Charakter, der weder dem eines üblichen Heimatmuseums noch der Sachlichkeit eines offiziellen Museums entspricht. Die Wärme und Belebtheit des fast 250 Jahre von der Familie Scheibler bewohnten Hauses, die Schicksale und Zeitwandlungen, die sich darin vollzogen haben, machen sich auf besondere Weise bemerkbar. Bis heute ist das Rote Haus ja noch ein Ort, an dem die Familie ihre Feste feiert (Abb. 109) und hier auch zeitweise wohnt. Das alles wirkt auf den Besucher und erklärt die Attraktion, die dieses Haus ausübt, und die besondere Liebe all derer, die damit zu tun hatten oder haben.

Die Menschen bewundern und fühlen in diesem Haus, wie in einem schönen Traum, eine Linie ununterbrochener Wohnkultur und die unwiederbringliche Noblesse, Besinnlichkeit und Gemütlichkeit alter Zeiten.

Möge das Rote Haus auch in Zukunft erhalten bleiben und Freude bereiten.

108 Hans Carl Scheibler (1887–1963)

109 Empfang zur standesamtlichen Trauung im Roten Haus 1994. V. l. n. r.: Elisabeth Nay-Scheibler, Christoph Scheibler, das Brautpaar Victoria und Aurel Scheibler, Jeane Freifrau von Oppenheim, Alfred Freiherr von Oppenheim

Aufstieg und Niedergang der Tuchindustrie in Monschau im 18. und 19. Jahrhundert

Josef Mangold

Die Tuchindustrie im 18. Jahrhundert

»In der Burgau im Süden der Stadt befindet sich die schöne Tuchmanufaktur des Herrn von Scheibler. Der größte Theil der Einwohner beschäftigt sich mit Tuchmanufaktur und man verfertigt hier vorzügliche Tücher und Casimire. Sehr blühend war der Zustand der Manufaktur in den Jahren 1770 bis 1790 und die Tücher und Casimire von Montjoie fanden in der ganzen Welt, besonders in Italien, Portugall, Spanien und in der Türkei bedeutenden Absatz . . .«[1]

Dieser Ausschnitt aus einer Beschreibung der Stadt Monschau zu Beginn des 19. Jahrhunderts zeigt bereits den hohen Stellenwert der Tuchindustrie für das kleine verwinkelte Eifelstädtchen am Lauf der Rur. Am Fuße einer Burg gelegen, gehörte es zum Gebiet der Herzöge von Jülich, die allerdings selten in Monschau weilten und die Verwaltung des Landes lieber ihren Vögten überließen.

Im Monschauer Land waren – wie überall im Raum zwischen Rhein und Maas – Weberei und Tuchmacherei schon seit dem Mittelalter heimisch, hatten aber bis zum Jahre 1612 überregional keine Bedeutung. In dieser Zeit wurden Grobtuche für den örtlichen Bedarf hergestellt. Die benötigte Wolle lieferten die Schafe, die auf den Vennflächen weitläufige Weiden fanden. Es hatte sich ein ländliches Nebengewerbe gebildet, dessen einzelne Arbeitsvorgänge vom Hersteller selbst ausgeführt wurden – vom Waschen und Färben bis zum Spinnen, Weben und abschließenden Walken. Die fertigen Produkte wurden schließlich von Hausierern, ›Höker‹ genannt, vertrieben oder auf den örtlichen Märkten verkauft.

Zur großen Blüte gelangte Monschau erst durch die Herstellung feiner Tuche, die aus der höherwertigen spanischen Wolle angefertigt wurden und die durch die sog. ›Appretur‹, also durch mehrmaliges Rauhen, Scheren und Pressen, ihre besonders feine, weiche, fast samtartige Oberfläche erhielten.

Diese Feintuchweberei wurde in Monschau gegen Ende des 16. Jahrhunderts durch Emigranten aus der alten Tuchmacherstadt Aachen eingeführt. Die religiösen Wirren der damaligen Zeit hatten viele protestantische Tuchmacher bewegt, Aachen zu verlassen. Vor allem nach dem Erlaß des Ratsedikts im Jahre 1600, das alle Nichtkatholiken aus den Zünften ausschloß, und nach dem Einmarsch der Spanier im Jahre 1614, die Aachen endgültig katholisch machten, emigrierten einige Tuchmacher nach Monschau. Sie hatten erkannt, daß Monschau eine Vielzahl günstiger Standortfaktoren für die Feintuchproduktion bot, die sie nutzen wollten.

So hatte Monschau reichlich und ganzjährig fließendes Wasser aus den Vennquellen für den Antrieb der Walkmühlen. Dieses Wasser war zudem kalkfrei, eine hervorragende Voraussetzung für das Färben und Waschen der Tuche. Auch die benötigten Rohstoffe, wie Holz und Torf zum Heizen der Farbkessel sowie die Vennschafe als Wolllieferanten standen zur Verfügung. Vor allem aber gab es im Monschauer Land billige Arbeitskräfte für das Spinnen und Weben in Heimarbeit. Diese Handwerker waren in Monschau – anders als in den meisten anderen Städten mit ausgeprägter Tuchfabrikation – nicht in Zünften zusammengeschlossen, die Tuchherstellung also nicht durch feste Bestimmungen geregelt, und die Fabrikation grober und feiner Tuche stand somit jedem frei. Dies und die religionspolitisch tolerante Haltung der Herzöge von Jülich waren ideale Voraussetzungen für das Aufblühen der Tuchindustrie. Nicht zuletzt wirkte sich die fast 100 Jahre lange Friedensperiode im Monschauer Land positiv auf die Entwicklung der Tuchherstellung aus.

Als Begründer der Feintuchfabrikation im Monschauer Land gelten Petrus Offermann (1523 in Konzen geboren) und sein Sohn Matthias (1560–1630), die in Imgenbroich, einem Nachbarort der Stadt Monschau, das ›Stammhaus‹ gründeten. Die Offermanns waren zwar im Haupterwerb noch Bauern, doch die Fertigung von groben und auch schon von feinen Tuchen aus Wolle der eigenen Schaf-

◁ Eingangsfront des Roten Hauses. 1994

Blick vom Rahmenberg auf Monschau.
Tafelbild eines unbekannten Meisters,
um 1835. Privatbesitz

zucht nahm bereits einen großen Stellenwert ein. Die Wolle wurde im eigenen Haus gewaschen und gefärbt; gesponnen und gewebt wurde sie in Heimarbeit von Bauernfamilien der Umgebung.

Als der erste Feintuchfabrikant in der Stadt Monschau wird Arnold Schmitz (1550–1615) angesehen, ein aus Aachen vertriebener Protestant, der 1598 mit seiner Frau und seinem Sohn Petrus nach Monschau kam und dort die erste Feintuchfabrik gründete. Sein Sohn Petrus (1600–1680) führte das Geschäft fort und erweiterte es. Er heiratete Elisabeth Schroeders aus Imgenbroich, deren Familie zum protestantischen Glauben übergewechselt war und die zudem eine Urenkelin von Petrus Offermann war. Damit war das Familienunternehmen Schmitz-Offermann begründet, das die Herstellung von Feintuchen in den folgenden Generationen beträchtlich ausdehnte.

Diese verwirrend erscheinenden Familienverhältnisse sind typisch für das spätere Scheiblersche Imperium, denn nur durch diese engen verwandtschaftlichen Verflechtungen der großen Feintuchmacherfamilien untereinander war das Gewerbe so stabil und erfolgreich (vgl. den Beitrag von Elisabeth Nay-Scheibler). Fast 200 Jahre lang heirateten Angehörige der Familien Schmitz und Offermann Mitglieder aus den Familien Schlösser, Scheibler, Troistorff und Elbers. Diese Verschwägerungen, der protestantische Glaube und das gemeinsame Gewerbe hielten den großen Familienverband zusammen. Gleichzeitig bildeten sie einen Unternehmerverband, der in Monschau das Monopol hatte und sich als ›Feine Gewandschaft‹ zusammenschloß. Diesem Wirtschaftsverbund verdankt Monschau seine große Blüte in der 2. Hälfte des 18. Jahrhunderts.

Zur Technik der Tuchfabrikation

»Das Städtelein bestehet aus lauter Wulleweberey, welches Gewerbe und Manufaktur von Tag zu Tag mehr zunimbt, und werden ziml. feine Tücher aus Spanis. Wolle gemacht.«[2]

So berichtet bereits 1718 der Freiherr von Wiser über die Monschauer Feintuchmacherei, die zu dieser Zeit recht ausgeprägt gewesen zu sein scheint. Zwar überwog noch die Herstellung von Grobtuchen für den regionalen Markt, doch der Hinweis auf die Verwendung feinerer spanischer Wolle belegt recht früh die wichtigste Grundlage für den Aufstieg der Feintuchfabrikation. Die feinere Wolle ermöglichte es nämlich, sich einem größeren Markt zuzuwenden; dort war man allerdings Anfang des 18. Jahrhunderts noch nicht konkurrenzfähig. Erst mit Johann Heinrich Scheibler und seinem überragenden unternehmerischen Geschick gelang ab 1730 die Eroberung ferner Märkte.

Im 17. und 18. Jahrhundert beruhte die Tuchfabrikation noch auf Handarbeit mit einfachen Geräten. Die Hersteller von groben Tuchen kauften in der Regel bei den Bauern der Umgebung Wolle, die Hersteller feiner Tuche bezogen die Wolle über Händler. Hergestellt wurden meist grobe, dicke Tuche aus reiner Wolle für Mäntel und halbwollene Tuche für Winterröcke der Frauen. Größer war der Bedarf nicht: Die übrigen Kleidungsstücke der Landbevölkerung bestanden aus grobem Leinen, die Beinkleider der Männer aus Leder.

Als Vorbereitung für die Verarbeitung mußte die Wolle zuerst gereinigt werden. Die Schafe wurden in einem Teich oder Bach gebadet, dann geschoren und die Wolle an der Luft getrocknet. Die Wolle eines Tieres (Vlies genannt) wurde dann gebündelt und an den Abnehmer geliefert (Abb. 54).

Die erste Aufgabe des Fabrikanten war die *Trennung* und *Sortierung* dieser Wolle nach Feinheit und Länge, denn ein Vlies besteht aus der feineren Schulter- und Flankenwolle und der gröberen Bauch- und Halswolle. Nach der Sortierung wurden diese Partien nochmals *gewaschen,* da durch die erste Rückenwäsche am Tier nur die gröberen Verunreinigungen entfernt werden konnten, nicht aber der Wollschweiß. Deswegen brühte man die Wolle in einer Lauge von Holzasche oder in heißem Wasser, dem man zur besseren Lösung des Wollschweisses faulenden (und somit salmiakgeisthaltigen) menschlichen Urin zusetzte.

Das Sammeln von Urin war im Monschauer Land ein einträglicher Nebenerwerb. Nicht nur zum Waschen der Wolle, sondern auch zum Walken des Tuches galt er als unentbehrlich.[3] In der Blütezeit der Tuchfabrikation war in Monschau eine sehr große Nachfrage nach dem ›edlen Naß‹, und jeden Morgen fuhren Fuhrleute klingelnd durch die Stadt und die umliegenden Ortschaften und sammelten es in großen Tonnen. Pro Topf zahlte man 1 bis 1½ Pfennige.[4]

Nach dieser Behandlung mit Urin wurde die Wolle – meist in offenen Weidenkörben – in kaltem, fließendem

Wasser rein gespült und im Anschluß daran sofort gefärbt (Abb. 56).

Dadurch vermied man nochmaliges Trocknen. Anders als z. B. in Aachen und Eupen, wo man die Tuche im Stück färbte, wurde in Monschau die Wolle direkt gefärbt. Das war die besondere Stärke der Monschauer Tuchfabrikanten, da ihre im weichen Wasser des Laufenbaches oder der Rur wollgefärbten Tuche besonders strahlend und glänzend waren.

Die Farben der Monschauer Tuche waren so hervorragend, daß sie »in bezug auf Echtheit und Feuer die besten französischen und englischen Fabrikate übertrafen«.[5]

Gefärbt wurde in offenen Kesseln aus Messing mit den damals bekannten natürlichen Farbstoffen wie Waid, Blauholz, später auch Indigo (für Blau), Cochenille, Krapp, Brasilholz und Chatamin (für Rot), Curcuma, Wau, Gelbholz (für Gelb). Diese Farbpigmente wurden gemischt, um weitere Farbtöne zu erzielen.[6] Im Monschauer Land aber gab es die Farbstoffe nicht: Waid z. B. wurde am Niederrhein gewonnen, Indigo mußte aus den spanischen und portugiesischen Kolonien sowie auch Krapp und Brasilholz, über die Niederlande bezogen werden.

Im Roten Haus befinden sich noch mehrere Farbrezeptbücher, das älteste aus den Jahren 1778 ff. Auf dem Titelblatt ist vermerkt: »Johannes fetweis von Eix Dem gehöret Dieses stofferbuch Der es find Der gibt es Mir wieder den es ist Mir lieb. Der es stielt daß ist ein schelm und dieb Johannes fetweis Von Eicks Rothfärber im grünenthal Bey herren witti(b) Peter Offermanns & Compag(n)ie In Imgenbruch Den 22 augusti Anno 1778.«[7]

Das ledergebundene Buch enthält sechs Stoffkarten mit Farbproben sowie einige Seiten mit Erläuterungen zu Farbzusammensetzungen. Ausführlicher ist das ›Farbbuch für Ferd. Moll, Angefangen im Juni 1834 zu Montjoie‹, denn es enthält neben Wollfarbproben die genauen Farbzusammenstellungen und Zutaten, wie »10 Eimer Urin La nuit« (Ft. S. 102/103).[8]

Die Farbrezeptur war ein streng gehütetes Geheimnis, das sich vom Vater auf den Sohn vererbte. Wie schon aus der Titelseite des Farbrezeptbuches und aus verschiedenen Quellen hervorgeht, wurden Farbknechte bestochen, um Farbrezepte an den Konkurrenten zu verraten.

Das Färben nahm daher immer der Fabrikant selbst in seinen eigenen Räumen vor. Die Monschauer Tuchfabrikanten errichteten Gebäude an der Rur oder dem Laufenbach, in denen sie wohnen und gleichzeitig in geräumigen Kellern färben konnten. Auch das Rote Haus ist in einen Wohn- und Arbeitsbereich unterteilt und besitzt einen Färberkeller und zunächst eine, später dann zwei Wollspülen (vgl. Abb. 11).

Das zum Waschen und Färben benötigte Wasser leitete man über Stauwehre in die Keller, wo die Wolle gespült und gefärbt wurde, und führte danach das Schmutzwasser wieder in den Fluß zurück. Zwar sollten die Farbwässer vor der Einleitung in den Bach in speziellen Spülteichen geklärt werden, doch wurde diese Vorschrift selten eingehalten. Streitigkeiten und Prozesse belegen, daß das Farbwasser oft ungeklärt zurückfloß, wodurch es die Ware der unterhalb am Fluß liegenden Konkurrenten ruinieren konnte.[9]

Nach dem Färben wurde die Wolle *getrocknet, gelockert*[10] und *gekrempelt* (Abb. 57, 58). Mit einer sog. Krempel löste man die Faserflocke in Einzelfasern auf, und es entstand eine feine dünne Faserschicht, der ›Flor‹ (Abb. 59). Als Vorarbeit für das Spinnen wurde der Flor mit Butter oder mit Rüböl geschmeidig gemacht.

Das *Spinnen* auf dem Handspinnrad übernahmen die Bewohner des Monschauer Landes überwiegend in Heimarbeit in den Wintermonaten, denn die strengen schneereichen Winter zwangen zu Arbeiten im Hause. Die Bauern waren froh über diese Nebentätigkeit, denn die kleineren ›Ackerer‹, wie die Bauern in den Quellen genannt werden, konnten von den Erträgen ihrer Landwirtschaft nicht leben. Sie kamen daher im Herbst nach Monschau und Imgenbroich und holten die Wolle beim Fabrikanten ab. Um Ostern brachten sie das gesponnene Garn zurück. Der Lohn war gering, doch, wie J. H. Scheibler 1762 in einem Brief an die Regierung in Düsseldorf schrieb, beschäftige er mit seinen Söhnen zusammen an die 6000 Menschen.[11] Es waren vor allem Frauen und Mädchen aus dem Monschauer Land, ja sogar bis ins Luxemburgische hinein, die für die Firma Scheibler Wolle verspannen (Abb. 60).

Das *Weben* erfolgte in der Regel durch ausgebildete Handwerker, die allerdings neben ihrer Webtätigkeit immer auch noch eine kleine Landwirtschaft betrieben. Diese Weber erhielten vom Fabrikanten das gesponnene Garn, lieferten das fertig gewebte Stück Tuch ab und wurden dann erst entlohnt.

Das Einrichten des Webstuhles war eine komplizierte Arbeit und konnte vom Weber nicht alleine bewerkstelligt werden. Beim Schären der Kette, d. h. dem Ordnen und

Aufziehen der Fäden auf den Webbaum (Abb. 61), wurde er von seiner Frau unterstützt. Das Leimen der Kette, das ein Aufrauhen beim Weben verhindern sollte, war eine wichtige Arbeit, die der Weber daher selbst ausführte, während das Spulen der Schußfäden Kinderarbeit war (Abb. 62).[12]

Das Tuch wurde vom Weber an den Fabrikanten geliefert, der es auf Webfehler durchsehen mußte (Abb. 64). Fehlende Fäden nähte man nach und entfernte mit der Noppenzange Holzsplitter und Knoten (Abb. 63). Dieses *Noppen* führten Frauen und Mädchen in Heimarbeit aus.

Seinen festen Tuchcharakter erhielt das Tuch erst durch das *Walken,* das Verfilzen des Tuches (Abb. 65). Dazu wurde es mit Tonerde (z.T. unter Zusatz von Urin) eingeseift und mit Holzhämmern geklopft und geschlagen. Bei diesem Arbeitsschritt bediente man sich schon früh der Kraft des Wassers. In Monschau waren Hammerwalken in Gebrauch, die aus einer Mulde aus Holz oder Stein bestanden (›Kumpf‹ oder ›Kümpe‹ genannt), in denen man das Tuch mit schweren Holzhämmern bearbeitete. Diese Holzhämmer wurden von den Nocken einer wassergetriebenen Welle gehoben und quetschten und drückten das Tuch beim Niederfallen zusammen. Das Tuch mußte mehrfach in eine andere Lage gebracht werden, damit es gleichmäßig verfilzte. Diese Walkstöcke konnten, je nach Breite der Tuche, 2 bis 7 Stücke von ungefähr 45 Ellen fassen.[13] Der Inhalt eines Walkstocks war immer gleich groß, die Stücklängen und Breiten aber unterschiedlich. Daher wurde in Monschau die Produktion – und danach übrigens auch Steuern und Abgaben – nach der Zahl der gewalkten Kümpfe und nicht nach der Stückzahl berechnet.

Die Anlage einer Walkmühle war wegen der Wehre und dem Wasserrad recht aufwendig, somit teuer und nur von den größeren Fabrikanten zu bezahlen. Die kleinen Grobtuchbereiter, die im Winter ein paar Stück Tuch für den eigenen Markt herstellten, diese im Sommer in den Dörfern verkauften, schlossen sich daher sehr früh in einer Genossenschaft zur Anlage einer gemeinsamen Walkmühle zusammen. Sie nannten diese Genossenschaft ›Grobe Gewandschaft‹.

Das Walken verringerte das Tuch um ein Drittel bis ein Viertel in seiner Länge und Breite, machte es dadurch aber auch dichter und fester. (Die verkaufsfertigen Tuche waren 45 Brabanter Ellen lang [= 31 m] und eine Brabanter Elle breit [das sind ca. 70 cm]. Die besseren Qualitäten wurden im Webstuhl ca. 122 cm breit gewebt, das sind 7/4 Ellen Brabant.) Nach dem Walken wurden die Tuche gründlich gewaschen und gespült und dann durch Aufspannen auf große Holzrahmen an der Luft getrocknet (Abb. 67). Sie wurden dabei auf den Rahmen gezogen und gereckt, d. h. fest verspannt, wodurch ein Teil der in der Walke verlorenen Länge und Breite wieder herausgeholt wurde. Die Rahmen standen auf besonders dazu angelegten Terrassen an dem nach Süden gelegenen Berghang, daher auch Rahmenberg genannt. Die Reste der Terrassen dieses Rahmenberges sind heute noch zu sehen (Abb. 1, 110, 117).[14]

Das auf den Rahmen getrocknete Tuch war nun für den Verkauf als Grobtuch fertig. Für den Feintuchfabrikanten aber, der Tuche für den überregionalen Markt herstellen wollte, begann jetzt der wichtigste Teil der Bearbeitung, die Appretur, also das Rauhen, Scheren und Pressen der Tuche.

Das *Rauhen* geschah unter Benutzung von Karden, einer Distelart, die in Südfrankreich wächst. Von diesen Karden, die in getrocknetem Zustand sehr scharfe und elastische Häkchen haben, wurden mehrere Reihen auf einem kleinen Brett mit Handgriff befestigt und die Tuche damit gekratzt, wodurch sich die feinen Wollhaare aufrichteten und in einer Richtung ordneten (Abb. 66). Die Rauhkarden wurden in großen Mengen bezogen. Aus dem Inventarverzeichnis über den Nachlaß der Tuchfabrikantin Anna Maria Ubach erfahren wir von einem ›Kardensöller‹, auf dem sich neben anderen Gegenständen zur Tuchbereitung 160 ›Soff Rauhkarden‹ zum Schätzwert von 40 Talern befanden.[15]

Der nächste Arbeitsschritt war das *Scheren.* Die aufgerichteten Härchen wurden nun mit einer Schere glatt und gleichmäßig abgeschoren (Abb. 68). Diese Scheren waren sehr groß und hatten die Form von Schafsscheren. Um einen möglichst glatten Schnitt zu erreichen, ließ man immer größere, schwerere und damit auch kostbarere Scheren anfertigen, die 60–70 Pfund wiegen konnten und so groß waren, daß der Scherer im Bügel stehen und mit beiden Armen die Schneiden der Bügel zusammendrükken mußte.[16] Das Tuch lag dabei glatt auf einem gewölbten Tisch. Besonders feine Tuche mußten drei- bis viermal geschoren werden, dazwischen wurden sie immer wieder aufgerauht. Nur dadurch erhielten sie ihre fast samtartige, glatte und geschlossene Oberfläche. Das Scheren erforderte eine große Geschicklichkeit und konnte nur durch

Doppelseite aus dem Farbbuch für Ferdinand Moll mit Wollfarbproben und Farbzusammenstellungen, begonnen 1834

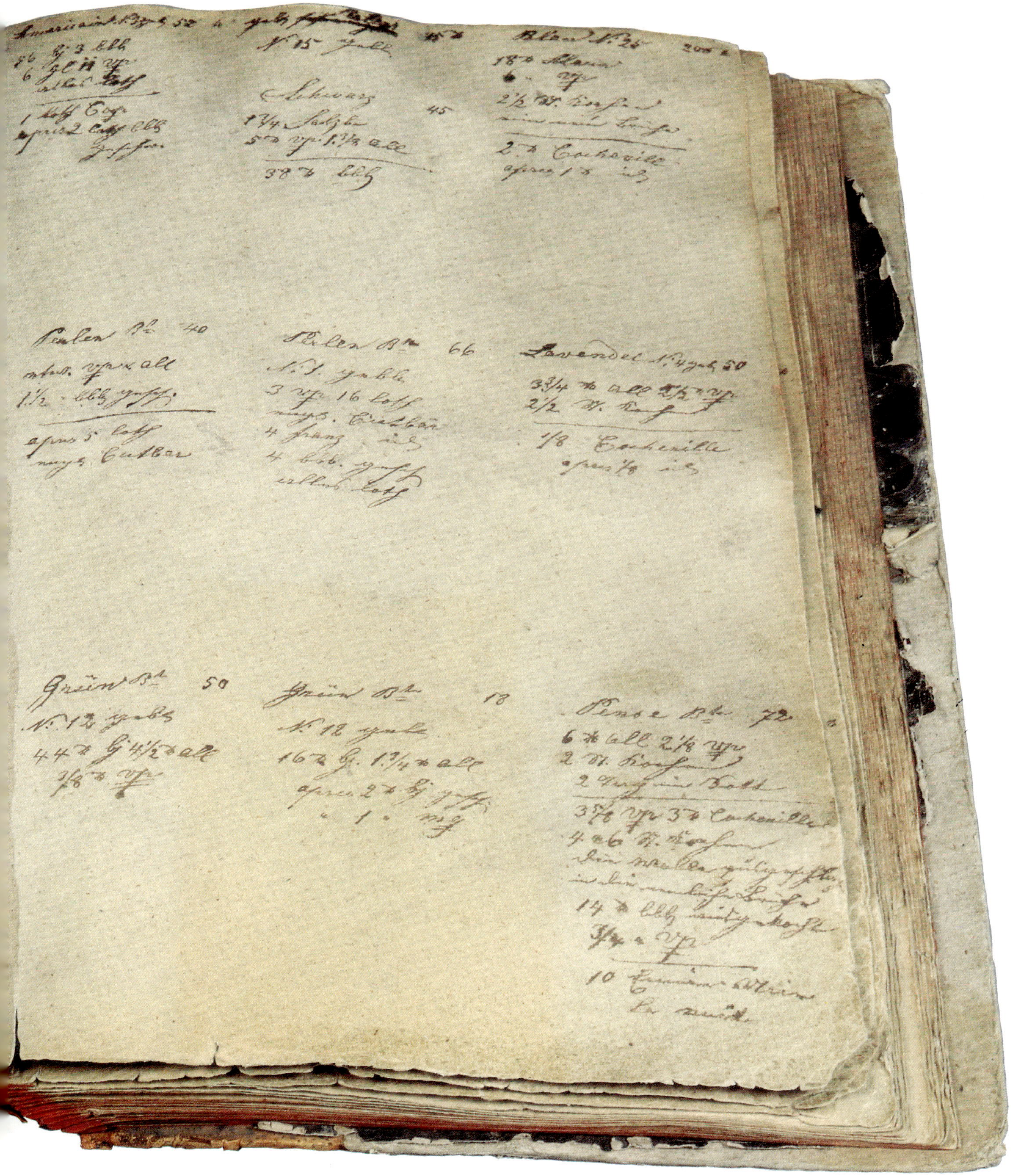

110 Blick vom Rahmenberg
auf die Stadt Monschau.
Im Vordergrund zwei reisende
Landschaftszeichner, dahinter
Arbeiter beim Aufspannen
einer Tuchbahn. Nach 1837

jahrelange Übung zur Perfektion gebracht werden. Zwei bis drei Monate wurde oft an einem einzigen Stück geschoren. Je feiner also die Ware werden sollte, desto mehr Schervorgänge waren notwendig und desto mehr spezialisierte Scherer brauchte man. In der Blütezeit der Monschauer Tuchfabrikation kamen auf einen Weber drei bis vier Scherer.[17]

Nach dem Scheren wurden die Tuche *gefaltet* (Abb. 69) und *gepreßt* (Abb. 70), um ihnen ein glattes Aussehen und einen seidigen Glanz zu geben. Nach dem *Siegeln* und *Etikettieren* war das Tuch versandfertig (Abb. 71 ff.).

Die Beschreibung der einzelnen Arbeitsschritte zeigt deutlich, daß im 18. Jahrhundert die Grobtuchbereitung noch weitgehend in der Hand der einzelnen Meister war, die ihre Aufträge im eigenen Betrieb ausführten.

Das Wollewaschen und Färben der feinen Wolle hingegen wurde ab der Mitte des 18. Jahrhunderts unter der unmittelbaren Aufsicht des Fabrikanten durchgeführt. Die feine Wolle war teuer, und die Farbrezepte mußten wegen der zunehmenden Konkurrenz immer mehr geschützt werden.

Der Fabrikant des 18. Jahrhunderts war somit Unternehmer und Verleger. Er besorgte das Rohmaterial, wusch und färbte es, gab die Wolle zum Spinnen und Weben in Auftrag und nahm die Ware wieder ab. Die Zusammenfassung mehrerer noch handwerklich ausgeführter Arbeitsvorgänge in einem Betrieb, wie sie die merkantilistischen Unternehmen anderer Länder bereits kannten, wurde in Monschau allerdings erst im Jahre 1794 durchgeführt. Bernhard Georg Scheibler, Sohn Johann Heinrich Scheiblers, baute auf dem Burgau die erste Manufaktur.[18] In dieser Fabrikationsanlage wurde der gesamte Herstellungsprozeß von der Rohwollbereitung bis zum fertigen Tuch ausgeführt. Dennoch blieb in den meisten Werkstätten die Verlagsarbeit, d. h., die Vergabe einzelner Arbeitsschritte an Heimarbeiter, bis weit ins 19. Jahrhundert hinein bestehen.

Die Blütezeit der Monschauer Tuchindustrie unter Johann Heinrich Scheibler

Der große Aufschwung der Monschauer Tuchindustrie kam in der ersten Hälfte des 18. Jahrhunderts durch Johann Heinrich Scheibler (1705–1765). Er war der Sohn eines Pfarrers aus Volberg (heute Rösrath-Hoffnungsthal) im Bergischen Land, der zu einer aus dem Hessischen stammenden lutherischen Pfarrerdynastie gehörte: Diese war seit Generationen in der Grafschaft Mark und im Bergischen tätig und betreute daneben die lutherische Diaspora im Jülicher Land. Dank seiner Familienbeziehungen trat Johann Heinrich im Alter von 15 Jahren als Handlungslehrling in die Tuchfabrik des Matthias Offermann in Imgenbroich ein, dessen Bruder ein Schwager seiner Mutter war. Als er im Alter von 18 Jahren seine Lehre beendet hatte, starb der Schwiegersohn seines Lehrherrn, der Tuchfabrikant Christian Schlösser in Monschau. Johann Heinrich heiratete 1724 die junge Witwe Maria Agnes, die sieben Jahre älter war, übernahm den Betrieb des Verstorbenen Christian Schlösser und führte ihn unter eigenem Namen weiter. Damit begann der Aufstieg eines genialen Kaufmannes und Fabrikanten, dessen Fähigkeiten der Schwiegervater richtig erkannt hatte.[19]

Johann Heinrich Scheibler setzte zunächst die Herstellung von einfarbigen Tuchen nach Aachener Vorbild fort, doch Schwierigkeiten mit den nahegelegenen Märkten in den umliegenden Städten veranlaßten ihn, sein Absatzgebiet auszudehnen. Eine Ausweitung war aber nur durch eine Qualitätsverbesserung der Tuche zu erreichen, vor allem durch das Angebot von gemusterten Stoffen, die den gehobenen und wechselnden modischen Ansprüchen der Zeit entsprachen. So entschloß er sich, ausschließlich Tuche aus feinster spanischer Wolle herzustellen und die Arbeitsvorgänge der Tuchveredelung, vor allem des Webens, des Färbens und des Scherens zu verbessern. Das weiche Wasser der Bäche im Monschauer Tal bot beste Voraussetzungen dazu. Das Geheimnis seines Erfolges lag nicht zuletzt im Färben der Wolle sowie in der Entwicklung neuer Farbrezepturen.[20]

Bald produzierte Johann Heinrich ausschließlich mit der feinsten spanischen Wolle des Merino-Schafes, die von den Weiden Asturiens und Leons über Bilbao auf den damaligen Hauptumschlagplatz des Wollhandels, nach Amsterdam, gelangte, wo er sie einkaufte.[21] Der Ankauf der teuren Wolle, die weiten Wege von Amsterdam nach Monschau und die Verbesserung der Fabrikationsmethode, die viel langwieriger war als beim Grobtuch, verlangten einen hohen Einsatz von Zeit und damit von Kapitalien. Außerdem konnten vom Ankauf der Wolle bis zum Verkauf der Tuche fast zwei Jahre vergehen, eine lange Zeitspanne, die Scheibler aber bald mit Krediten von Banken in Amsterdam, später auch in Frankfurt, zu überbrük-

Zwei Seiten aus dem Stoffmusterbuch der Monschauer ›Feinen Gewandschaft‹, 1813

23.

111 Panorama von Monschau
mit dem Roten Haus,
dem Haller (links)
und der Burganlage (rechts).
Um 1890

ken vermochte.[22] Die weiter entfernt liegenden Absatzmärkte erschloß Scheibler, indem er von 1736 an regelmäßig die Messen in Braunschweig, Frankfurt a. M. und Leipzig besuchte. Von dort aus baute er Verbindungen in die Niederlande, nach Spanien, Portugal, Italien, Polen, Rußland und auch in den Orient auf – ein Markt, der später besonders wichtig wurde. Scheibler lieferte für diesen Markt ganz leichte feine Tuche in grellen Farben, besonders Karmesinrot, die sog. ›Draps Mahouts‹ oder ›Draps du Sérail‹ zum Verkauf an Haremsdamen sowie Tuche in leuchtenden bunten Farben, die vor allem durch Kommissionshäuser in Venedig, Genua und Neapel im Mittelmeerraum großen Absatz fanden.[23]

Scheibler bewies mehrfach das richtige Gespür für den Markt. So griff er gezielt die neuesten marktbestimmenden Modetrends des Rokoko auf und spezialisierte sich auf Luxusartikel. Er hatte das Glück, daß die Mode jetzt, besonders für Westen, sog. ›geflammte‹, d. h. gemusterte Tuche verlangte. Diese wurden zuerst in Verviers und im Limburger Land hergestellt, während in Aachen, Burtscheid und Eupen das Tuch nach wie vor ›im Stück‹ gefärbt wurde, also einfarbig war. Scheibler gelang es in kürzester Zeit, seine Konkurrenten zu überflügeln und geflammte Tuche in glänzenden und hell leuchtenden Farben herzustellen, mit denen sein Unternehmen Weltgeltung auf den Märkten erlangte. Die ersten Muster, die von Scheibler um 1740 entworfen wurden, konnten weder durch Färben des gesponnenen Wollfadens noch durch Bedrucken des Fadens erreicht werden, sondern ausschließlich durch Färben der losen Wolle und dem Verspinnen verschiedenfarbiger Wollstückchen in unterschiedlichen Mengen und Längen nach genauen Vorgaben. Vor allem die Weber mußten nach genauem Maß arbeiten und jeden einzelnen Faden nach Schablone einlegen, eine Arbeit, die sehr hohe Anforderungen an Spinner und Weber stellte (Ft. S. 106/107).

Die Herstellung der neuen Stoffe geschah unter der Aufsicht Johann Heinrich Scheiblers: Die Wolle wurde im eigenen Betrieb gewaschen und gefärbt, wodurch eine hohe Qualität gewährleistet werden konnte. Auch die neuen Muster und die Appretur wurden nach seinen Ideen entwickelt und unter seinen Anweisungen durchgeführt. Dieses Engagement trug Früchte: Die hohe Qualität der gemusterten Stoffe wurde in aller Welt gerühmt, und das Scheiblersche Unternehmen nahm einen beispiellosen Aufschwung. Noch nach seinem Tod 1765 galt er in geschäftlichen Dingen als unbedingte Autorität, und man nannte ihn bewundernd »den größten Rafinadeur, welchen die Welt irgendwo getragen«.[24]

Da die Produktion unter der unmittelbaren Aufsicht Johann Heinrich Scheiblers stattfinden sollte, ließ er im Roten Haus von Beginn an Wohnbereich, Werkräume und Kontor unter einem Dach zusammenfassen. Der Errichtung des Hauses fiel »Herrn Scheiblers Blaufärberey« zum Opfer, jedoch wurde ein Blaufärber-Keller vom neuen Vorplatz überdacht und blieb bis heute als Färberkeller mit Gewölbe erhalten (Abb. 5).[25] Im Keller des Roten Hauses richtete er eine Wollspüle (die sog. Wollspüle I) ein, in die durch ein Wehr das Wasser des Laufenbaches geleitet wurde (Abb. 11). Ein innerer Kanal verläuft noch heute unter dem Färberkeller und dem südlichen Kellerraum parallel zum Laufenbach, biegt dann im rechten Winkel zur Rur ab, verläuft parallel zur Traufmauer und mündet erst auf dem Nachbargrundstück in die Rur (Abb. 120). Dieser Kanal ist baueinheitlich mit dem Roten Haus angelegt worden. Er ist aus Bruchstein gemauert und tonnengewölbt.[26]

Unter dem riesigen schiefergedeckten Dach des Roten Hauses befindet sich ein Speicher, der zur Aufbewahrung der teuren und diebstahlgefährdeten Rohwolle und der Brennmaterialien diente. Um die Wolle in den Speicher zu heben, brachte man an der rechten Seite des Hauses ›Zum Pelikan‹ den heute noch sichtbaren Aufzugsbalken an.[27] Die Wolle wurde auf dem Speicher sortiert und gelangte durch einen 110 cm breiten Fallschacht zwischen den beiden Haushälften in den Keller (vgl. S. 11), um dort gewaschen und gefärbt zu werden. Das Rote Haus bot damit alle für das Verlagssystem charakteristischen Anlagen, um die ersten wesentlichen Schritte der Wollverarbeitung kontrolliert und gesichert durchführen zu können, bevor man die gefärbte Wolle zum Verspinnen und Weben an die Heimarbeiter vergab. Die abschließende Tuchveredelung wurde dann wieder unter der Aufsicht Scheiblers in gesonderten Räumlichkeiten durchgeführt.

Die Zahl der ländlichen Spinner und Weber des Monschauer Landes reichte bald für diese gesteigerte und veredelte Produktion nicht mehr aus. Scheibler vergab daher die Wolle zum Verspinnen in das Herzogtum Limburg, wo sich seit Generationen aus einem Nebenerwerb ein selbständiges Gewerbe entwickelt hatte.[28] Er konnte durch seine ersten Erfolge guten Lohn zahlen, und es gelang ihm, die besten Spinner an sich zu binden. Die Auf-

112 A. Chr. Scheibler erhielt 1745/46 die Konzession zur Errichtung einer Walkmühle auf dem Äuchen. 1843 erwarb sie die Tuchfirma J. H. Elbers, die sie zu einer Wollwäsche, Rauherei und Spinnerei umbaute. Um 1865

träge wurden durch einen Zwischenverleger, einen Baas, vermittelt, der die Spinner anwarb und beaufsichtigte und dem Fabrikanten gegenüber die Verantwortung für die Arbeit übernahm. Der Baas legte sogar den Lohn vor, so daß der Unternehmer mit den Handwerkern in keiner unmittelbaren Beziehung stand.

Besonders gesucht waren Scherer, die dem Tuch den begehrten samtartigen Schimmer verleihen, es damit veredeln konnten. Diese Fähigkeit war nur durch jahrelange Erfahrung zu erreichen. Solch spezialisierte Scherer standen aber im Monschauer Land, vor allem nach dem schnellen Aufblühen der Tuchfabrikation, nicht zur Verfügung. Johann Heinrich Scheibler warb daher süddeutsche, überwiegend protestantische Arbeitskräfte an. Diese arbeiteten in seinen Räumen, den sog. Scherwinkeln, und unterstanden seiner direkten Aufsicht.

Der Zuzug der auswärtigen Scherer, später auch Weber und Färber, führte zunehmend zu Spannungen mit der alteingesessenen Monschauer Bevölkerung. Die Heiratspolitik der Tuchfabrikanten sowie die konfessionellen Unterschiede waren den Alt-Monschauern von Beginn an ein Dorn im Auge gewesen, Wohnungsnot durch die vielen auswärtigen Facharbeiter, Preissteigerungen, aber auch die innerstädtische Ausdehnung der Produktions- und Trocknungsanlagen (z. B. auf dem ›Rahmenberg‹) schürten ihren Unmut.

Anfang 1740 kam es zu gewaltsamen Konflikten, als die auswärtigen Scherer versuchten, zünftlerische Arbeitsplatzschutzregelungen einzuführen, die es in Monschau traditionell nicht gab. Viele Scherer kamen aus Orten mit Zunftzwang, und da gerade die Scherer in den Tuchmacherzünften die Hauptrolle spielten, versuchten sie in Monschau die gleiche ausschlaggebende Position zu erringen. Sie erklärten einzelne Winkel für ›faul‹ und stellten Forderungen: die Begrenzung der Zahl der Lehrlinge und Knechte, die Mitbestimmung der Lohnhöhe und Anstellung nur solcher Scherer, die auf einem zünftigen Winkel gelernt hatten. Auch alle Nebenarbeiten in der Schererei, das Rauhen und Pressen, sollten nur noch durch zünftige Scherer ausgeübt werden. Die einheimischen Scherer verjagten daher die fremden Scherer aus den Winkeln, es kam zu Prügeleien, und die Arbeit stand tagelang still.

Die Feintuchhersteller sahen nun, daß das rasch emporgewachsene Tuchgewerbe nur dann seine Leistungsfähigkeit bewahren konnte, wenn sie zusammenhielten und die Tuchscherer und Weber nicht in der Lage waren, sich zu organisieren und dadurch den Produktionsablauf zu stören. Als nun die zugewanderten Arbeiter einzelne Winkel für ›faul‹ erklärten, erkannten die Fabrikanten die Gefahr eines aufkommenden Zwanges, der ihre Wirtschaftsführung bedrohte. Im Jahre 1742 schlossen sie sich zur ›Feinen Gewandschaft‹ zusammen.

Im ersten Statut dieser Feinen Gewandschaft, das von allen Feintuchherstellern, dem Bürgermeister, einem Ratsherrn und einem Baasenmeister unterschrieben wurde[29], wandten sich die Fabrikanten mit Schärfe gegen die Forderungen der Scherer:

»All die Weilen nachdem unsere Laaken Manufaktur hierselbst beginnt anzuwachsen und auf unseren Tuchschererswinkeln einige von unseren Knechten sich unterstehen, das nichtsnutzige reine und fauhl, stinkende Knecht und Winkelwesen zum Nachteil uns und unserer Nachkommen einzuführen trachten, achten wir vor hochnötig, solchen sehr schlimmen Forderungen vorzubeugen, uns alle miteinander zu vereinbaren, und vor heilig und fest darauf zu halten, uns zu unterschreiben entschließen ...«[30]

Alle Forderungen, mit denen die lohnabhängigen Handwerker Einfluß nehmen wollten, wurden zurückgewiesen, da dies in die absolute Freiheit der Unternehmer eingreife. Die Fabrikanten vereinbarten vielmehr, nur solche Scherer zu beschäftigen, die frei von Zunftzwang arbeiten wollten; außerdem hätten die Handwerker kein Recht auf irgendwelche Forderungen oder Einsprüche.

»... zuletzt bleibet erübrigens wie es bißher gewesen, daß jeder auff seinem winkel von uns es reguliert, zu geben im (ihm) lohn viel oder wenig, auf stück, per stoff, brechten, stunden, stab oder steine; die scherer mit Rauer oder Rauersapparata arbeiten zu lassen, jedem nach belieben zu procedieren frei stehen solle ...«[31]

Diesem festen Zusammenschluß der Fabrikanten konnte von seiten der nur lose verbundenen Scherer nichts entgegengesetzt werden. Vor allem, nachdem die bei Scheibler beschäftigten Scherer, deren Zahl ¾ aller Scherer ausmachte, sich den Bestimmungen der Fabrikanten unterwarfen, brach der ›Aufstand‹ in sich zusammen, und es wurde schriftlich vereinbart, »daß fernerhin in Montjoie kein Streit mehr über faule und reine Winkel vorkommen solle ...«[32]

20 Jahre lang herrschte Ruhe auf den Winkeln, doch im Jahre 1762 kam es erneut zu Unruhen unter den Scherern, wie auch in Aachen, Eupen und Burtscheid. Zu dieser Zeit

113 Im Rosental wurde 1757 eine erste, 1773 eine zweite Walkmühle der Fa. J. H. Scheibler Söhne konzessioniert, die um 1820 auch zum Betrieb von Spinn-, Rauh- und Schermaschinen genutzt wurde. Die Aufnahme (vor 1920) zeigt die Umbauten dieser ersten Walkmühle, die nach 1920 in ein Turbinenhaus umgewandelt wurde und Strom für die Scheiblersche Kunstwollfabrik auf Dreistegen lieferte

waren bereits zwei Drittel aller Scherer zugezogene Auswärtige und zumeist Protestanten. Die alteingesessene Monschauer Bevölkerung beschimpfte sie als »Lohndrücker und Urheber der Wohnungsnot«. Im Sommer 1762 brachen auf den Winkeln von Johann Heinrich Scheibler und auch auf denen seiner Söhne Bernhard und Paul Tumulte aus – geschürt diesmal von den einheimischen Scherern. Sie forderten, daß die Zahl der Lehrlinge pro Winkel auf zwei begrenzt werde, daß nur noch einheimische Arbeiter angestellt werden sollten, eine Erhöhung des Tageslohnes von 20 auf 22 Albus bei 12stündiger Arbeitszeit und die Aufhebung der unter den Fabrikanten getroffenen Vereinbarung, nur Arbeiter mit einem Entlassungsschein des bisherigen Arbeitgebers einzustellen.

Auf die Forderungen nach Lohnerhöhung erklärten die Fabrikanten, daß es jedem Scherer freistehe, durch Mehrarbeit auch mehr zu verdienen, da genügend Arbeit vorhanden sei. Es sei daher »nur Renitenz« der Scherer, daß sie nicht mehr verdienten. Die Scherer arbeiteten zu dieser Zeit bereits 15 Stunden täglich, von 5 bis 12 und von 13 bis 21 Uhr.[33] Unter Androhung der Arrestierung wurden die Scherer gezwungen, ihre Arbeit wiederaufzunehmen. In einem Dekret legte die kurfürstliche Regierung 1763 fest, daß den Scherern die Lohnerhöhung zu gewähren sei, den anderen Forderungen wurde nicht entsprochen.

Die Fabrikanten beschwerten sich über die Lohnerhöhung, die von den Scherern für das letzte Jahr rückwirkend eingefordert wurde. Diese Nachzahlung sei »in höchstem Grade verderblich für die Scherer selbst und für die Ruhe und Ordnung im ganzen Lande. Die Arbeiter in Montjoie seien gewohnt, nur das Allernotwendigste zum Unterhalt des Lebens zu verwenden, alles andere aber an Sonn- und Feiertagen in Schnaps umzusetzen...« Die Folge sei »wochenlanger Müßiggang und Schnapsrausch...«[34]

Kurz darauf kam es zum offenen Tumult, als an einem katholischen Feiertag die protestantischen Scherer zur Arbeit erschienen. Sie wurden aus den Winkeln herausgeholt und verprügelt. Einem auswärtigen Scherer wurde sogar der Zopf abgeschnitten und am Pranger ausgestellt. Die verfolgten Scherer retteten sich aufs Schloß, doch die zahlenmäßig geringe Burgbesatzung konnte nicht helfen. Der Rat der Stadt und der Bürgermeister, der selbst Grobtuchfabrikant war, standen auf der Seite der Bewegung und schritten nur zögerlich ein. Die Betriebe standen wochenlang still, bis pfälzisches Militär aus Jülich kam und die Streitigkeiten endgültig schlichtete.

Den Tuchfabrikanten war jedoch nur eine kurze Atempause vergönnt. Nach den Schererunruhen, bei denen religiöse und zünftlerische Motive im Vordergrund standen, kam es im Jahre 1769 zu Konflikten mit den Webern. Sie opponierten gegen das ›Baasensystem‹, das ihre Existenz bedrohte. Seit einigen Jahren war es üblich geworden, daß die Fabrikanten einen großen Teil der Tuche bei limburgischen Baasenmeistern spinnen und jetzt auch weben ließen, da die auswärtigen Spinner und Weber bessere Arbeit lieferten.

Das lag daran, daß die jungen Monschauer Weber kaum die Möglichkeit hatten, sich qualifiziert ausbilden zu lassen. Die Lehrzeit eines Weberlehrlings betrug drei Jahre: Im ersten Jahr bekam er keinen Lohn, im zweiten den halben Lohn; erst im dritten hatte er Anspruch auf die volle Bezahlung. Daher entließen die Webmeister die Lehrlinge nach ein bis zwei Jahren, um immer wieder billige Arbeitskräfte zu haben. Die Lehrlinge konnten sich selbständig machen, waren aber durch ihre verkürzte Lehrzeit schlecht ausgebildet, und die Qualität ihrer Arbeit konnte daher mit der der auswärtigen Weber nicht konkurrieren. Immer mehr Wolle wurde nach außen vergeben, und die Monschauer Weber waren oft wochenlang ohne Arbeit.

Sie forderten daher von der kurfürstlichen Regierung, das auswärtige Baasen zu verbieten. Dies wurde abgelehnt, nachdem eine Kommission bei einer Besichtigung im Monschauer Land alle Webstühle in Arbeit vorfand. Die Fabrikanten hatten offensichtlich von dieser Besichtigung gewußt und an alle Weber kurzfristig Aufträge vergeben.

1774 kam es vor dem Roten Haus zu einem Tumult, als die Weber, die wieder längere Zeit ohne Arbeit waren, die Abfahrt von mit Wolle bepackten Wagen für Limburger Baasen verhinderten. Nach Tagen der Unruhe schritten die Behörden energisch ein und nahmen die Wortführer fest, die lange Haftstrafen erhielten.

Ungeachtet dieser Unruhen weitete die Feine Gewandschaft in den sechziger Jahren des 18. Jahrhunderts ihre Aktivitäten aus – wirtschaftlich, aber auch politisch. Man hatte die Macht dieses Zusammenschlusses erkannt und formulierte nun Eingaben und Forderungen an die kurfürstliche Regierung: Die Schaffung einer besseren Wegeverbindung nach Düren, Entscheidungen bei Streitigkeiten mit Einwohnern der Stadt Monschau über die Erweiterungspläne von Fabrikanlagen, Maßnahmen gegen die immer mehr überhandnehmenden Diebereien in den Fabriken[35] und Schutz bei Arbeiterunruhen. Die erneuten Streitigkeiten mit den Scherern, die Auseinandersetzungen mit den Webern und dem Rat der Stadt führten in den sechziger Jahren dazu, daß ein ›Vorsteher‹ bestimmt wurde, der die Geschäfte nach außen hin vertreten sollte. Der erste war Paul Scheibler, der mittlerweile die Firma seines Vaters unter dem Namen ›Johann Heinrich Scheibler & Söhne‹ fortführte.

In der Blütezeit gehörten acht bis zehn Firmen zur Feinen Gewandschaft. Die Inhaber waren Söhne von Johann Heinrich Scheibler oder nächste Verwandte. Die bedeutendsten Firmen hatten bereits auswärtige Betriebe, Bernhard Scheibler in Eupen und Iserlohn, die Stammfirma Johann Heinrich Scheibler in Eupen, Dolhain und Visé.[36] Die Gesamttuchmenge stieg von 1775 bis 1787 von 2588 auf 4325 Kümpfe. Daneben zählte 1782 die Grobe Gewandschaft 46 Betriebe, die aber nur 575 Kümpfe erzeugten, während die 8 Feintuchfirmen im selben Jahr 4151 Kümpfe herstellten. Die Hälfte der Mitglieder der Groben Gewandschaft produzierten weniger als 10 Kümpfe, waren somit Kleinstbetriebe. Der Durchschnitt bei der Feinen Gewandschaft betrug 520 Kümpfe, bei der Groben 12½.[37]

Johann Heinrich Scheibler fand in seinen vier Söhnen Bernhard, Paul, Ernst und Wilhelm zuverlässige Mitarbeiter, die von ihm Organisationstalent und das Gespür für das Tuchmacherhandwerk erbten und die wie er einen ausgeprägten Familiensinn besaßen. Der Vater regte sie schon früh zur Gründung eigener Betriebe an. Während er Ernst und Wilhelm als Mitarbeiter in die eigene Firma aufnahm, machte sich sein zweiter Sohn Paul frühzeitig selbständig, trat aber nach dem Tod seines Vaters zu seinen Brüdern Ernst und Wilhelm in die Firma ›Johann Heinrich Scheibler & Söhne‹ ein, die seit 1762 als ›Handlungs Companie‹ bezeichnet wurde. Ernst starb schon 1773 ohne Nachkommen; Paul und Wilhelm trennten sich: Paul tat sich mit seinem Schwiegersohn Orth als ›Paul Scheibler & Orth‹ zusammen, während Wilhelm, der mit Theresia Elisabeth Böcking verheiratet war, den väterlichen Betrieb fortführte und der erste Bewohner des Roten Hauses war. Vor allem durch Verbesserungen in der Färberei konnte das Unternehmen unter seiner Leitung die höchste Produktion verzeichnen.

Johann Heinrichs ältester Sohn Bernhard Georg (1724 bis 1786) heiratete Clara Maria Moll, eine Unternehmertochter aus Hagen. Dort gründete er im Jahre 1752 eigene Betriebe (in Hagen, Iserlohn und Herdecke). 1756 kehrte Bernhard nach Monschau zurück und gründete hier und in Eupen Zweigbetriebe. Vor allem die Monschauer Firma entwickelte sich bald neben der Firma seines Vaters zum bedeutendsten Unternehmen der Stadt. Im Jahre 1781 wurde er von Kurfürst Karl Theodor in den erblichen Adelsstand erhoben. Seine Söhne Christian und Bernhard führten sein Unternehmen fort.

Die Überlegenheit des Fabrikbetriebes konnte sich nur in eigenen und großzügig angelegten Räumen entfalten, und so setzte in den siebziger und achtziger Jahren des 18. Jahrhunderts in Monschau eine lebhafte Bautätigkeit ein. Das großartigste Fabrikgebäude wurde von Bernhard Paul von Scheibler am Burgau errichtet (Abb. 114), das außer der schon bestehenden Färberei und Walkerei fast alle Betriebsstufen vereinigte. Es hatte vier Geschosse und 19 Fenster Front. Für die Weber wurde ein eigener langgestreckter einstöckiger Bau mit besonders guten Lichtverhältnissen errichtet. Das Bauwerk war 1794 fertiggestellt, dem Jahr, in dem der Einmarsch der Franzosen der Glanzzeit der Monschauer Tuchherstellung ein Ende setzte.

Aus der Blütezeit ist die Bilanz der Stammfirma Johann Heinrich Scheibler & Söhne vom Jahre 1789 erhalten:

Fabrikgebäude	in Monschau	9100 Rtlr
Fabrikgerät	in Monschau	5600 Rtlr
Scherereigerät	in Monschau	5000 Rtlr
Rauhkarden	in Monschau	800 Rtlr
Fabrikgeräte	in Eupen	4700 Rtlr
Scherereigeräte	in Eupen	3100 Rtlr
Rauhkarden	in Eupen	500 Rtlr
Fabrikgeräte	in Dolhain	5300 Rtlr
Scherereigeräte	in Dolhain	1400 Rtlr
		35500 Rtlr

Wolle	63000 Rtlr
Fertige und halbfertige Tuche	207000 Rtlr
Farbstoffe	9000 Rtlr
Oel	2800 Rtlr
Seife	1500 Rtlr
Leistenwolle	4200 Rtlr
Pferde, Wagen, Packmaterial	4000 Rtlr
Schuldner	346000 Rtlr
Wechsel und Kasse	5000 Rtlr
	678000 Rtlr[38]

114 Blick auf die Fabrikanlagen auf dem vorderen Burgau. Hier hatte ursprünglich Bernhard von Scheibler 1793 seine ›Fabrik-Bauten‹ errichtet. Vor 1900

Die Anlagewerte, Gebäude und Fabrikgeräte machen nicht viel mehr als 5% des gesamten Vermögens aus. Ihr Wert beträgt etwas mehr als die Hälfte der Summe für die Bestände an Rohware. Ein wichtiger Posten sind die großen Mengen an fertigen und halbfertigen Tuchen, vor allem aber die hohen Kundenkredite. Diese Zahlen spiegeln deutlich das Wesen (und Unwesen) des Monschauer Exportgeschäftes wider. Es beruhte auf Krediten und der Unterhaltung von Kommissionshäusern im Ausland. Die Firma mußte als Vorfinanzierung hohe Kredite aufnehmen. Die Bilanz des Jahres 1789 belegt, daß Gläubiger (Banken in Frankfurt und Wollhändler in Amsterdam) zusammen 305 000 Reichstaler zu fordern hatten.

Diese Art der Finanzierung bedeutete eine große Gefahr, denn bei Absatzschwierigkeiten oder auch langfristigen Verzögerungen der Begleichung der Außenstände wurde das Unternehmen zunehmend zahlungs- und handlungsunfähig und konnte nur durch neue Kredite weiterproduzieren. Das Risiko eines Konkurses war sehr hoch. Die Revolutionswirren und die Besetzung des Rheinlandes durch die Franzosen ließen diese große Gefahr Wirklichkeit werden.

Der Niedergang der Monschauer Tuchindustrie

Die französische Besetzung der Rheinlande (1794–1814)

Die Krise in der Monschauer Tuchindustrie begann bereits um 1790, als die Mode leichtere Stoffe propagierte. Die Stärke der Monschauer Tuchfabrikation lag ja in der Herstellung der bunten, schweren Tuche, vor allem in gemusterten Westenstoffen für die steifen bortenbesetzten Staatsröcke im Stil des Rokoko. Unter dem Einfluß der Ideen der Aufklärung änderte sich die Mode, man verschmähte den steifen Rock und trug nun weite, faltige Röcke aus leichterem Tuch sowie lange Hosen. Anstelle der steifen Tuche benötigte man jetzt dünne Diagonalgewebe aus feinster Wolle, die sog. ›Casimire‹, die in England und Frankreich bereits in großer Zahl gefertigt wurden. Die Monschauer Tuchfabrikanten hielten diesen Modetrend für eine kurzlebige Erscheinung und sahen zunächst keine Veranlassung, ihre Produktion umzustellen.

Das Ende der Blütezeit der Monschauer Tuchindustrie wurde dann endgültig mit der Besetzung der linken Rheinlande durch die Franzosen im Jahre 1794 eingeleitet. Vor allem die hohen Kontributionen, die Beschlagnahmung von Tuchen und die Bezahlung der Armeeaufträge mit wertlosen Assignaten (Papiergeld) machten den Tuchfabrikanten schwer zu schaffen; hinzu kamen hohe Steuern, die in harter Goldwährung eingefordert wurden. Besonders die Abtrennung von ihren angestammten Absatzgebieten (Deutschland, Rußland, Mittelmeerländer) traf die auf Export ausgerichteten Feintuchfabrikanten schwer, denn der Verlust dieser Gebiete bedeutete auch den Verlust aller Außenstände – d. h. des gesamten vorfinanzierten Tuchbestandes –, die im nichtfranzösischen Europa in den Kommissionshäusern lagerten. Dies war für viele Fabrikanten der finanzielle Ruin. Zusätzlich sahen sich die Monschauer Fabrikanten der harten Konkurrenz auf dem französischen Markt ausgesetzt, den man bisher nicht zur Kenntnis genommen hatte. Da der größte Teil des Vermögens in der Ware steckte, waren viele Tuchfabrikanten in ihrer Existenz bedroht. Wie oben beschrieben, war die Eigenkapitaldecke sehr dünn, denn alle Gewinne wurden direkt wieder in die Produktion gesteckt, die auf langfristige Amortisation ausgerichtet war. Dem Ankauf der Wolle folgte nicht nur der lange und teure Herstellungsprozeß, sondern vor allem der langfristige Absatz über die Kommissionshäuser. Der Erlös kam zumeist erst nach zwei Jahren zurück. Fast 50% der Produktion wurde zudem über Kredite finanziert. Die Schließung der westlichen Grenzen entzog den Fabrikanten die Grundlage ihrer Existenz.

Die Feintuchfabrikanten versuchten, sich den neuen Märkten anzupassen und ihre Produktion auf die leichteren Kasimirgewebe umzustellen. Bereits ab 1802 konnten sie in der Qualität mit den englischen und französischen Konkurrenten mithalten. Eine Produktion in größerem Stile scheiterte jedoch an Nachschubproblemen durch die Kriegswirren, denn die dringend benötigte spanische Merinowolle war nur mit größten Mühen und hohen Kosten zu beschaffen, und ihr Preis stieg ins Astronomische. Auch Farbstoffe wie Indigo, Cochenille und Blauholz fehlten, sogar Öl zum Fetten der Wolle war zeitweilig nicht zu besorgen.

In dieser Situation versuchte der Tuchfabrikant Böcking im Hohen Venn spanische Merino-Schafe anzusiedeln. Er kaufte der französischen Regierung das Kloster Reichenstein ab und brachte dort 400 Merino-Schafe unter, die er 1811 unter großen Mühen auf dem Landweg

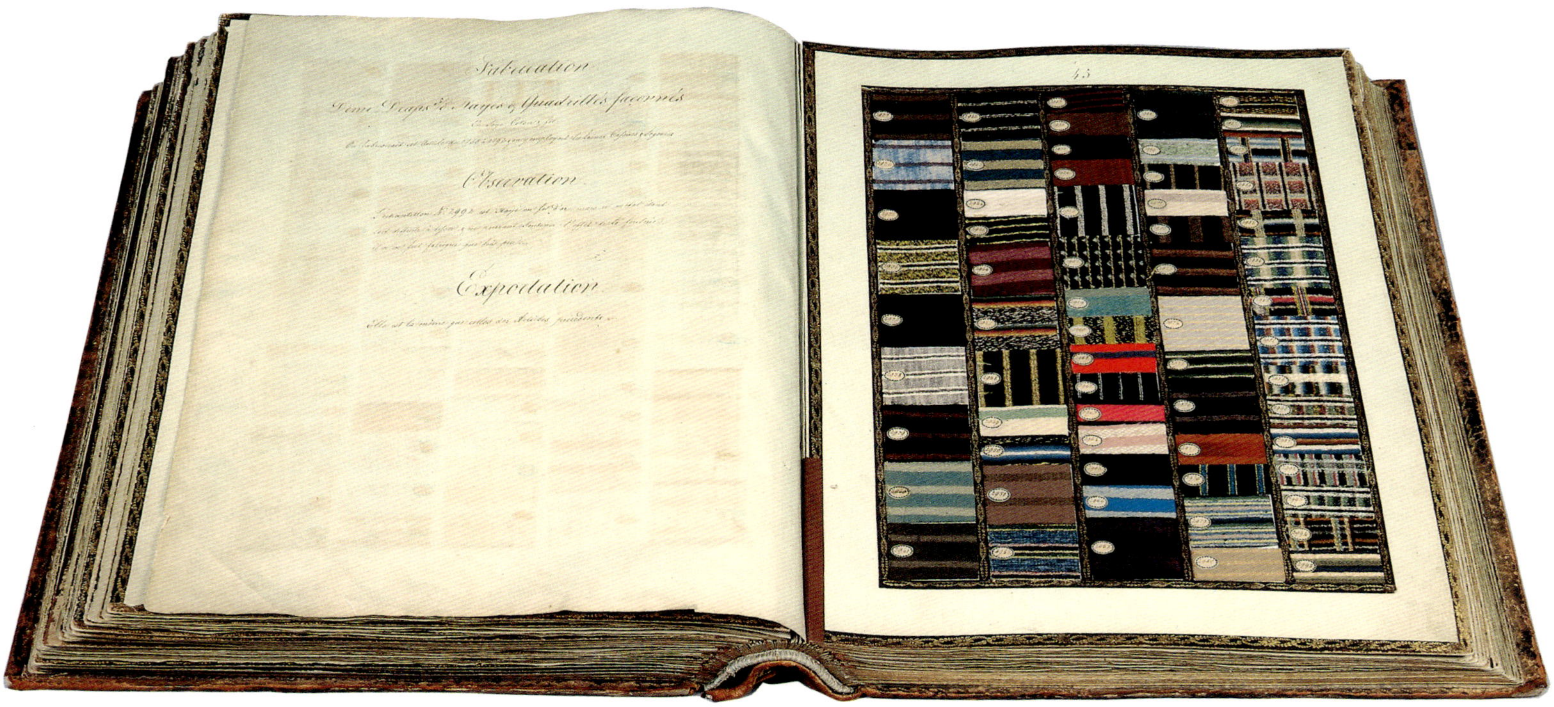

Blatt 45 des Stoffmusterbuches von 1813

Rollbuch mit Stoffmustern der Firma Johann Heinrich Scheibler & Söhne. Um 1810

115 Rückseite der Stadtstraße mit dem an der Rur verlaufenden Wollspülkanal. Fast alle Häuser nutzten ihre Keller ursprünglich für die Tuchfabrikation und überbauten den Kanal sehr unterschiedlich. Links das Gartenhaus der ›Villa Sonntagsley‹ mit der barocken Gartenanlage. Um 1902

ins Monschauer Land hatte treiben lassen. Doch die Merinos büßten auf der Heide des Hohen Venn schnell ihre feine Wolle ein, und auch Kreuzungsversuche mit einheimischen Rassen brachten keine wesentlichen Verbesserungen der Wollqualität. Böcking verlor nicht nur seine Schafe, sondern auch sein gesamtes Vermögen und mußte seine Tuchfabrik schließen.[39]

Der Niedergang der Produktion, den Schoenen als ›Absturz‹ bezeichnet[40], geht aus der Anzahl der produzierten Kümpfe deutlich hervor:

Die Firma Johann Heinrich Scheibler & Söhne produzierte 1794 noch 340 Kümpfe, 1800 nur noch 55, 1804 wiederum 93 Kümpfe. Durch Zusammenschluß zu einer neuen Firma unter dem Namen ›Johann Heinrich Scheibler, Ronstorff, Rahlenbeck & Co‹ konnten 1805 schon wieder 160 Kümpfe produziert werden.[41] Viele kleine Grobtuch-Fabrikanten mußten aufgeben, aber auch große Firmen meldeten Konkurs an, z. B. die Firma Paul Scheibler & Orth (1802), J. A. Hoffstadt & Scheibler (1805), Schlösser & Scheibler (1812), ebenso weitere renommierte Firmen in Eupen, Vaals und Aachen. Zwar versuchten die Franzosen nach dem Frieden von Lunéville 1801 mit Gewerbefördermaßnahmen die Tuchindustrie wieder zu beleben, vorübergehende Verbesserungen der Geschäftslage waren auch zu spüren; doch der Verlust der Märkte in Osteuropa, Italien und der Levante konnte nicht aufgefangen werden.

Die Fabrikanten der Groben Gewandschaft hatten zu Beginn der französischen Besetzung einen weniger herben Rückschlag erlebt, denn ihr Absatzmarkt war die nähere Umgebung, und ihre Rohstoffe stammten von den Landschafen auf dem Venn. Doch je länger die Kriegswirren dauerten, desto schwieriger wurde auch ihre Lage. Im Jahre 1812 gehörten noch 55 Tuchmacher zur Groben Gewandschaft, darunter aber nur drei, die mehr als vier Arbeiter beschäftigten. Die meisten hatten lediglich ein bis zwei Knechte. Diese Zahlen lassen zudem auf die allgemeine Situation der von der Tuchmacherei abhängigen Bevölkerung schließen, die zum größten Teil ihre Arbeit in den Fabriken wie auch die Möglichkeit zur Heimarbeit verlor.

Der technische Fortschritt indes ging auch an der Monschauer Tuchfabrikation nicht spurlos vorüber. Auf den zur Förderung der Industrie veranstalteten Gewerbeausstellungen in Aachen wurden mehrfach Firmen der Feinen Gewandschaft ausgezeichnet: Die Firma Bernhard Scheibler im Jahre 1810 für vier Stücke feinster Vigognewolle, die Firma Scheibler, Ronstorff, Rahlenbeck & Co für melierte und einfarbige Tuche und Kasimire, speziell aber für ein Stück milchweißen Kasimirs, das auf chemischem Wege ohne Anwendung von Kreide gefärbt war. Dabei wurde betont, daß sie als erste Firma Tuche ausstellte, »die aus Garn hergestellt worden waren, welches auf mechanischem Wege gesponnen war und an Feinheit dem besten Handgespinst gleich kam«.[42]

Die Garne für diese Tuche waren in der ersten mechanischen Spinnerei Monschaus gesponnen worden, die in einem hohen Fabrikgebäude am alten Schmitzenhof nach dem Zusammenschluß der Firmen von Friedrich Jacob und seinem älteren Bruder Ernst Scheibler gebaut worden war. Friedrich Jacob Scheibler hatte während seines Aufenthaltes in Belgien bereits um 1780 freundschaftliche Beziehungen zu Cockerill geknüpft, dem ersten Erbauer von Spinnmaschinen auf dem Kontinent. Im Jahre 1812 installierten die Scheiblers zusammen mit der Firma P. Schmitz & Söhne für diese Spinnmaschine einen Wasserradantrieb.[43] Um nun aber der auswärtigen Konkurrenz standhalten zu können, hätten weitere Fabrikanten Spinnmaschinen einsetzen müssen, denn die industrielle Revolution war in vollem Gange, und die Vorreiterrolle Englands wuchs. Doch den meisten Monschauer Tuchmachern war dies wegen des »flauen gangs der Fabriken« nicht möglich; Rücklagen für diese hohen Investitionen waren nicht vorhanden. Zudem bedeutete der Einsatz von Maschinen auch eine Erneuerung der Fabrikationsräume, da die schweren Maschinen stabile und große Steinbauten erforderten.

Den Gewerbeausstellungen dieser Zeit verdanken wir übrigens ein Dokument von ganz besonderem historischen Wert: ein Musterbuch mit Proben aller Gewebe, die in Monschau in den letzten 50 Jahren hergestellt worden waren. Die französische Präfektur hatte die Mitglieder der Feinen Gewandschaft aus Anlaß der 3. Gewerbeausstellung in Aachen 1813 aufgefordert, ein solches Buch anzufertigen – eine Anordnung, der sie sich lange widersetzten, da sie ihre Muster nicht aus der Hand geben wollten. Nach langem Hin und Her erstellten sie ein Buch, das mustergültig ist und eine unersetzliche Quelle für die Forschung darstellt (vgl. die Vorsatzblätter). Es ist ein Augenschmaus, den Mustern fast aller Qualitäten seit 1735 bis zum Jahre 1810 zu folgen, die in Monschau produziert wurden. Das Buch ist heute im Roten Haus ausgestellt.[44]

Die Farbtafel S. 118 zeigt Blatt 45 des Musterbuches: ›Demi Draps 5/8 Croisés & non croisés, façonés‹ und ›Demi Draps Rayés & Quadrillés, façonnes‹.

Die Tuchstückchen wurden in den Jahren 1788 bis 1792 hergestellt. In den ›Draps Quadrillés‹ auf der rechten Seite ist neben Baumwolle auch Seide verarbeitet. Eine Besonderheit besitzt das viertletzte Muster dieser Seite, denn hier sind Goldfäden eingewebt. Im Musterbuch ist dazu bemerkt, daß dieses Metall sehr schwer zu weben sei und das Walken nicht vertragen würde. Daher wurden Tuche mit diesen Mustern sehr selten hergestellt und waren entsprechend kostbar.[45]

Ein weiteres außergewöhnliches Exponat befindet sich ebenfalls im Roten Haus: Es ist das Musterbuch der ›Manufacture de Jean Henry Scheibler & Fils à Monjoye‹. Dieses in rotes Leder gebundene Rollbuch, das 54 Seiten umfaßt, wurde ebenfalls zur Gewerbeausstellung 1813 erstellt, zeigt aber ausschließlich Tuche der Firma Scheibler (Ft. S. 119).[46] Die Tuchproben sind nicht nach Mustern geordnet oder chronologisch zusammengestellt; bei diesem Musterbuch kam es offenbar auf die ästhetische Wirkung der verschiedenen Stoffproben nebeneinander an. Daher fehlen auch Hinweise auf Herstellungsart und Herstellungsjahr oder die Farbzusammenstellung. Gezeigt werden die verschiedensten Tuche und Muster, die die Firma Scheibler bis 1810 hergestellt hat, mit einer Farbpalette, die von Gelb über Orange, Rot, Blau, Violett, Grün zu Braun- und Grautönen reicht. Die unterschiedlichen Stoffmuster waren die berühmten ›geflammten Tuche‹, die ab der Mitte des 18. Jahrhunderts mit Seidenfäden verfeinert wurden, die ›Vermicles‹ (Fadennudeln), bei denen Muster aus kurzen Fäden eingelegt sind, und die ›Piques‹, die lineare Streifenmuster aufweisen, in denen ebenfalls in unterschiedlichen Breiten und Linienführungen Seidenfäden oder andere Musterfäden aus Gold oder anderen Metallen verwebt sind. Daneben zeigt dieses hervorragend erhaltene Musterbuch Fischgrätmuster oder Kombinationen der unterschiedlichsten Musterarten.

Die Monschauer Tuchindustrie in preußischer Zeit (1815 bis 1914)

»Das Fabrikwesen erhielt durch die Sperrung Frankreichs, als wohin früher die mehrsten Waaren verschickt wurden, einen bedeutenden Stoß und mußten die Fabrikinhaber wegen Mangel an Absatz einen Theil ihrer Arbeiter entlassen, welches für den hiesigen Verkehr großen Nachtheil verursachte; hierzu kam auch noch die späterhin in den österreichischen und sonstigen fremden Staaten eingeführten hohen Eingangszölle, so wie die größere Konkurrenz durch vermehrte Fabrikanlagen, welche den Absatz noch mehr erschwerten und den sonst so blühenden Handel hiesiger Stadt in Wollentuch und Casimir auf das höchste schwächten.«[47]

So berichtet die Chronik der Stadt Monschau über den neuen Schlag für die Monschauer Tuchfabrikanten: Sie hatten sich gerade einen neuen Markt in Frankreich und in den Niederlanden erobert, und nun fielen die linken Rheinlande an Preußen. Damit waren die erworbenen westlichen Absatzmärkte wegen hoher Zölle und Einfuhrverbote erneut verloren. Aber auch in die östlichen Länder war der Export nicht möglich, da Österreich, Italien, Polen und Rußland Einfuhrverbote verhängt hatten und selbst in die süddeutschen Staaten und nach Altpreußen hohe Zölle den Handel erschwerten.[48]

Erst als sich diese Zölle verringerten, 1818 nach Altpreußen aufgehoben wurden, nahm das Tuchgewerbe wieder einen leichten Aufschwung. Besonders schwer wog für die Monschauer Tuchfabrikanten die Abtrennung von Belgien. Viele besaßen dort Zweigfirmen und ließen im Limburger Land weben. Aber auch die Limburger Fabrikanten hatten in Monschau in größerem Maßstab färben und appretieren lassen. Hinzu kam, daß nach Aufhebung der Kontinentalsperre billige englische Massenware aus Baumwolle nach Europa strömte, die das grobe Tuch, das Hauptprodukt der Groben Gewandschaft, allmählich verdrängte. Die nach 1815 veränderte Mode forderte zudem die Herstellung anderer Tuche.[49]

Die Situation verschärfte sich noch durch die Mißernte des Jahres 1816. Der anhaltende Regen vernichtete die gesamte Ernte auf den Feldern, und wegen der dauernden Truppendurchzüge waren bei den Ackerern auch sämtliche Vorräte aufgebraucht. Todesfälle durch Verhungern waren nicht selten, wie die Chroniken dieses Jahres berichten. In dieser Lage schlossen sich die Fabrikanten zusammen und ließen auf ihre Rechnung Roggen von Danzig beschaffen und verteilten Brot und Mehl an ihre notleidenden, meist arbeitslosen Arbeiter.[50]

Diesen Problemen hatten die Monschauer Fabrikanten zunächst nichts entgegenzusetzen. Vor allem konnten sie sich die in England aufgekommenen mechanischen Web-

116 Blick vom Rinkberg
auf die Stadt Monschau.
Um 1890

117 Das Rote Haus mit dem 1817 für die Wollspüle II errichteten Anbau, zwischen 1865 und 1868 mit einer Glasveranda überbaut

stühle nicht leisten, deren Anschaffung für den wirtschaftlichen Erfolg von entscheidender Wichtigkeit gewesen wäre. Der Übergang von der Hand- zur Maschinenarbeit, der Einsatz von Spinnmaschinen und jetzt auch von mechanischen Waschmaschinen, Rauhmaschinen und Schermaschinen (sog. Tondeusen) war ihnen wegen der hohen Investitionskosten nicht möglich. Waren nach dem Einmarsch der Franzosen in Monschau zunächst die großen auf Export ausgerichteten Firmen in Mitleidenschaft gezogen worden, traf es jetzt die kleineren und kleinsten Firmen: Von den 55 Grobtuchherstellern im Jahre 1812 stellten 30 Betriebe bis 1819 ihre Arbeit ein. Die ohnehin schon hohe Arbeitslosigkeit wurde dadurch noch verschärft.

Die Jahre von 1814 bis 1822 brachten für die Arbeiter, aber auch für die Fabrikanten Zeiten größter Not. 1815 hatten von den alten Firmen noch bestanden: Johann Heinrich Scheibler, Ronstorff, Rahlenbeck & Co., Scheibler & Lenzmann, M. P. W. Troistorff, P. Schmitz & Söhne, J. H. Elbers, Friedrich Paul Schlösser, Karl Wilhelm Scheibler (als Nachfolger von Schlösser & Scheibler). Von diesen Firmen mußten bis 1819 P. Schmitz & Söhne und Friedrich Paul Schlösser ihren Betrieb schließen; die Firma Troistorff stellte die Fabrikation von Tuchen ein, betätigte sich weiterhin lediglich als Lohnspinnerei. Damit war das Ende für die Feine Gewandschaft gekommen. Im Jahre 1819 wurde nochmals eine Produktionsstatistik aufgestellt, die den Rückgang und das Sterben der Firmen in diesen Notjahren widerspiegelt: elf Firmen der Feinen Gewandschaft produzierten im Jahre 1813 zusammen 2643 Kümpfe; im Jahre 1819 stellten neun Fabrikanten nur noch 1016 Kümpfe her, ein Rückgang um rund 62%.[51]

Und doch entspannte sich die Lage ab 1820 wieder: Dank der staatlichen preußischen Förderung und durch die Umstellung auf feinere, leichte Stoffe für Hosen und deren Export nach Italien konnte ein leichter Aufschwung verzeichnet werden.

In der Zeit des Wiederaufblühens der Industrie kam der Wunsch nach einem erneuten Zusammenschluß der Fabrikanten auf. Die Unterteilung nach ›Grober‹ und ›Feiner Gewandschaft‹ war nach der Ablösung der groben Wollstoffe durch die Baumwolle hinfällig geworden, da jetzt alle Firmen ausschließlich feine Tuche herstellten. Daneben waren Firmen entstanden, die mit der Tuchindustrie fest verknüpft waren, wie die selbständigen Spinnereien, Färbereien und Wollhändler. Im Jahre 1825 schlossen sich 29 Tuchfabriken, vier Spinnereien, zwei Färbereien und zwei Wolltuchhändler zu einer Organisation mit dem Namen ›Handelsstand‹ zusammen.

Bereits 1814 ließ Friedrich Jacob Scheibler zusammen mit seinem Bruder Louis, der als ›Textilmaschinenspezialist‹ galt, die Hälfte eines Gebäudes der Firma J. H. Scheibler, Ronstorff, Rahlenbeck & Co im Rosenthal in eine Spinnerei umbauen. 1815 baute er gegenüber dem Roten Haus an der Rur den sog. ›Roten Bau‹, der aber wegen vielfacher Einsprüche erst 1817 als Färberei und Schererei in Betrieb genommen werden konnte.

Im gleichen Jahr beschloß Friedrich Jacob, die Wollspüle im Keller des Roten Hauses wieder in Betrieb zu nehmen, die seit zehn Jahren stillstand. Im Jahre 1803 war nämlich die Walkmühle am oberen Laufenbach von der Groben Gewandschaft an Hubert Offermann verpachtet worden. Dieser hatte sie in eine Kornmühle umgebaut und 1804 ohne Genehmigung das Wasserrad vergrößert, den Auslaufgraben vertieft und dessen heute noch vorhandene Mauer bis zur Rur hin vorgezogen. Dadurch wurde das Wasser, das aus der Mühle kam, nicht mehr in den Laufenbach, sondern direkt in die Rur geleitet. Der Laufenbach lag fast trocken, und die Wollspüle litt an Wassermangel. Nach den Verlusten der vergangenen Jahre wollte F. J. Scheibler die Wollspüle nun wieder in Betrieb nehmen. Er beabsichtigte, im Damm eine Öffnung anzubringen, um der Wollspüle über einen unterirdischen Kanal mehr Wasser zuzuführen. Daraus entspann sich ein Streit mit der Groben Gewandschaft, der erst nach fast zehn Jahren zur Konzessionierung führte.[52] Während dieser langwierigen Streitigkeiten hatte F. J. Scheibler einen Antrag auf Errichtung einer zweiten Wollwäsche und -spüle an der Rurseite des Roten Hauses eingereicht, den man 1817 genehmigte.[53] Zur Bewässerung wurde ein Wehr in der Rur, das auch die Wollspüle im gegenüberliegenden Schmitzenhof bewässerte, verändert. Im Jahre 1824 befanden sich demnach im Roten Haus zwei Wollspülen in Betrieb: eine mitten im Keller des Hausteils ›Zum Pelikan‹, die vom Laufenbach gespeist wurde, die zweite – »zur Aushülfe« für die erste gedacht – in einem Vorbau an der Rurseite (Abb. 117). Dieser Vorbau, der heute noch in veränderter Form erhalten ist und Teile des Nachbarhauses miteinbezieht, wurde um 1818 errichtet und war zunächst nur vor dem ›Pelikan‹ überdacht.[54]

Die Produktionsanlagen der Firma J. H. Scheibler, Ronstorff, Rahlenbeck & Co (F. J. Scheibler) befanden sich um

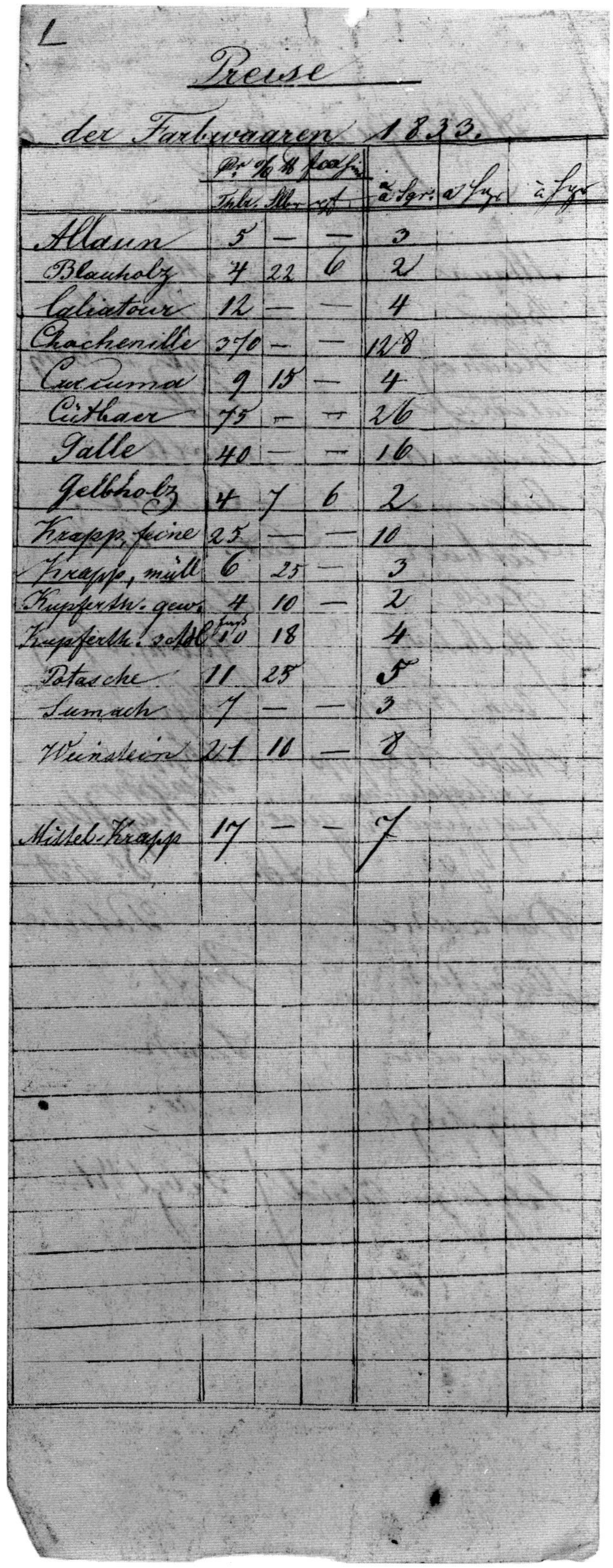

L

Preise

der Farbwaaren 1833.

	[illegible]					
	Thlr.	Sbr	₰	à Sgr.	à Sgr.	à Sgr.
Allaun	5	–	–	3		
Blauholz	4	22	6	2		
Caliatour	12	–	–	4		
Chachenille	370	–	–	128		
Curcuma	9	15	–	4		
Cüthaer	75	–	–	26		
Galle	40	–	–	16		
Gelbholz	4	7	6	2		
Krapp, feine	25	–	–	10		
Krapp, müll	6	25	–	3		
Kupferstw. gew.	4	10	–	2		
Kupferstk. [illegible]	10	18		4		
Potasche	11	25		5		
Sumach	7	–	–	3		
Weinstein	21	10	–	8		
Mittel-Krapp	17	–	–	7		

118 Preisliste für Farbwaren von 1833

1820 im Roten Haus (Wollager, Wollspüle), im Roten Bau (Färberei, Schererei), im Rosenthal (Walke und Spinnerei zusammen mit Bruder Louis Adolph), im Laufengarten (Weberei) und, wie Offermann/Woldt vermuten, zu dieser Zeit vielleicht schon in angemieteten Räumen auf Dreistegen (Rauherei).[55]

Trotz der Bemühungen Scheiblers, die Produktionsanlagen zu konzentrieren, konnte in der Zeit von 1825 bis 1833 der stetige Produktionsrückgang der Firma nicht gebremst werden. Die noch 1815 führende Monschauer Tuchfirma fiel bis 1833 auf die achte Stelle des örtlichen Gewerbes zurück. Der Rückgang der Beschäftigten auf 35 Personen (–85%) lag weit über dem lokalen Durchschnitt (–36,8%).

Verantwortlich hierfür war das Durchschlagen der ungünstigen Standortfaktoren, besonders die Grenzlage, die Zollsperren, die Spanien, Portugal und Rußland errichtet hatten, sowie die finanziellen Probleme bei der notwendigen Mechanisierung.

Am 1. 1. 1822 zog sich Louis Adolph Scheibler aus der Firma J. H. Scheibler, Ronstorff, Rahlenbeck & Co zurück, um sich ganz der Spinnerei im Rosenthal zu widmen.[56] Die Firma löste sich auf, die Produktionsstätten wurden verteilt. F. J. Scheibler erhielt die Anlagen in Monschau, während Rahlenbeck die weitaus größeren Anlagen in Dalem bekam.

In dieser Zeit des Niedergangs seiner Firma entschloß sich F. J. Scheibler zu einem riskanten Unternehmen, um Ersatz für seine verlorenen Produktionsstätten zu schaffen. Ohne das Konzessionsverfahren abzuwarten, ließ er an der Rurseite des Roten Hauses hinter der Wollspüle II im Kanal der alten Färberei, also innerhalb des Kellers des Hausteils ›Zum Pelikan‹, ein 3,76 m hohes und 1,28 m breites Wasserrad zum Betrieb von Rauh- und Schermaschinen bauen und einhängen.[57] Sofort legten verschiedene Fabrikanten, die gegenüber und unterhalb an der Rur ebenfalls Wollspülen betrieben, wegen Beeinträchtigungen und vermeintlichen Wasserentzugs für ihre Maschinen Protest ein.

Nach eingehenden und sehr zeitraubenden Untersuchungen wurden die Einwände der Fabrikanten Offermann und Wittichen anerkannt, da die Inbetriebnahme des Wasserrades mehr Wasser der Rur entnehme als die Wollspüle II und vor allem im Sommer das Maschinentreibwerk des Fabrikanten Wittichen praktisch stillegen würde. Friedrich Jacob Scheibler legte Einspruch beim Innenminister ein, doch vor der endgültigen Klärung, die im Februar 1835 den Betrieb des Wasserrades untersagte, verstarb er.[58] Zwischen 1833 und 1835 hatte er sein Wasserrad aber mehrfach probelaufen lassen, woraufhin die Behörden nach Beschwerden der Kontrahenten sofort eingeschritten waren.

Friedrich Jacobs Witwe Johanna Maria Amalia Scheibler und sein Sohn Alexander, der ab dem 1. 1. 1835 in die Firma aufgenommen worden war, wollten die Anlage nun zumindest teilweise nutzen. Ihr erneuter Antrag auf Inbetriebnahme des Wasserrades für Spinn-, Rauh- und Schermaschinen wurde am 4. 7. 1837 konzessioniert, nachdem sie sich bereit erklärt hatten, in die Rurschleuse des Wasserrades eine neun Zoll hohe Bohle einlegen zu lassen, um genügend Wasser für die anderen Fabrikanten sicherzustellen. Damit floß aber nur bei sehr hohem Wasserstand genügend Rurwasser auf das Scheiblersche Wasserrad, das somit jedes Jahr mehrere Monate lang nicht genutzt werden konnte.

Noch im selben Jahr verlegte die Stammfirma ihren Betrieb nach Dreistegen. Wie lange das Wasserrad im Roten Haus blieb und in Betrieb war, ist nicht bekannt. Nach den Statistiken der Jahre 1833, 1836 und 1841 können nur Rauh- und Schermaschinen betrieben worden sein, da in dieser Zeit die Firma F. J. Scheibler – laut Statistik – keine Spinnerei betrieb.[59]

Äußerlich ist heute kaum etwas von dieser Nutzung zu sehen. Der Kanal der Wollspüle ist mit einer Veranda überdacht, doch die zugemauerte Rundung der ehemaligen Schleuse für das Wasserrad, die Kanäle für die Wollspülen I und II, die Vertiefung für das Wasserrad sind unterhalb des Kellerfußbodens noch erhalten und von der Wasseraustrittsöffnung her zugänglich (Abb. 120).[60]

Wegen allgemeiner politischer Unruhen in den Jahren 1830 und 1831 wurde der »gang der fabriken« wieder etwas gelähmt. Die Produktion sank auf 731 Kümpfe, das ist weniger als in den Jahren der Blüte eine einzige Firma der Feinen Gewandschaft hergestellt hatte.

Eine wirkliche Besserung der Lage trat erst ein, als in Monschau die Produktion von gemusterten Tuchen wieder aufgenommen wurde, die sog. Buxskins. Die gemusterten Stoffe hatten schon einmal den Ruhm der Stadt begründet, doch seit 30 Jahren waren nur noch die leichteren glatten in Mode gewesen. In wenigen Jahren verdoppelte und verdreifachte sich wieder die Zahl der Kümpfe, was durch die Einführung der inzwischen in Frankreich

119 Fabrik Scheibler
auf dem Burgau.
Um 1890

120 Blick auf die Auslaßöffnung des Wollspülkanals

erfundenen Jacquardwebstühle (um 1840) erleichtert wurde[61], die das zeitraubende Aufziehen der Fäden des Musters unnötig machten. Ende der vierziger Jahre folgte die Schaftmaschine, die bis zum Ende der Tuchfabrikation in Gebrauch blieb. Die Umstellung auf Jacquardwebstühle oder auch auf Dampfmaschinen beim Betrieb der Spinnmaschinen[62] war aber nur den größeren Firmen möglich. Die meisten kleineren Firmen mußten zwischen 1850 und 1860 ihren Betrieb einstellen.

Bereits Mitte der vierziger Jahre traten auf dem Weltmarkt billige Massenfabrikate aus der Lausitz und sächsischen Fabriken auf, die die feinen Monschauer Buxskins in billigen Ausführungen imitierten. Da ihre Produktion auf Massenware ausgerichtet war, sie dazu unter günstigeren Standortbedingungen arbeiten und liefern konnten, gelang es diesen Orten bald, Monschau aus dem Geschäft mit den Großhändlern zu verdrängen. Die Monschauer Fabrikanten konnten sich aber nicht dazu durchringen, ihre Produktion auf die billigere Massenware umzustellen, und so blieb ihnen nur der Verkauf an die feinen Schneidergeschäfte, der aber stetig zurückging.

Die großen Firmen fanden Ersatz auf dem nordamerikanischen Markt, an den sie bald den Großteil ihrer Produkte lieferten. Als zu Beginn der 1870er Jahre mit dem Erstarken der amerikanischen Industrie dort auch die Schutzzollbewegung einsetzte, war auf einen Schlag der Handel zum Stillstand gebracht. Ein Ersatzmarkt in Deutschland war nicht vorhanden, denn für die feinen, aber teuren Monschauer Buxskins gab es keine Absatzmöglichkeit mehr. Die Lausitzer Tuchfabrikanten hatten inzwischen die unter reichlicher Verwendung von Kunstwolle hergestellten billigen Buxskins so vervollkommnet, daß sie der Monschauer Ware täuschend ähnlich waren. Daneben entstand ein Konfektionsmarkt mit fertig hergestellten Anzügen, denen der Käufer nicht mehr ansehen konnte, ob sie aus der billigen Massenware oder aus den teuren Monschauer Qualitätsprodukten hergestellt waren. Die Folge war, daß die feinen Schneidergeschäfte nun ausschließlich englische Kammgarnstoffe verarbeiteten, da sie keine Anzüge herstellen wollten, die der billigen Konfektionsware ähnlich sahen.

Eine Umorientierung tat not, aber die Monschauer Fabrikanten reagierten nicht. Der billigeren Konkurrenz in den aufblühenden Textilzentren im Osten – die übrigens zu einem großen Teil von Monschauer Fabrikanten oder Facharbeitern gegründet wurden[63] – konnten sie nichts entgegensetzen, zumal sie am technischen Fortschritt nur zögerlich teilgenommen hatten. Im Jahre 1860 zählte man noch acht Tuchfabriken, 1880 waren es sechs, von denen Ende der achtziger Jahre zwei, Anfang der neunziger Jahre weitere drei den Betrieb einstellten. Als letzte Monschauer Tuchfabrik schloß im Jahre 1908 die Firma Louis Scheibler Sohn ihre Tore. Louis Scheibler hatte jahrelang Wollgarne für Firmen in Mönchengladbach gesponnen, die zunächst einen Ausgleich für die stetig zurückgehende Tuchherstellung boten.

Die Tuchfabrikation in Monschau war damit nach 300 Jahren voll Hochphasen und Rückschlägen endgültig am Ende. Die Ungunst des Standortes, die konservative Haltung der Fabrikanten bei Neuerungen und Umstellungen auf mechanisierte Betriebe, der zweimalige Herrschaftswechsel mit den jeweils verlorenen Absatzmärkten, die schlechte Wegeverbindung aus dem engen Tal der Rur heraus und die zu spät erfolgte Anbindung an die Eisenbahnlinien hatten den Standortvorteil, der Monschau im 18. Jahrhundert zusammen mit den besonderen unternehmerischen Leistungen Johann Heinrich Scheiblers zur Blüte gebracht hatte, ins Gegenteil verkehrt. Allein das Rote Haus zeugt noch heute vom Wohlstand seiner Bewohner in der zweiten Hälfte des 18. Jahrhunderts.

121 Rurseite des Roten Hauses mit Wollspülkanal. 1965

Anmerkungen

Abkürzungen:
HStAD = Hauptstaatsarchiv Düsseldorf
Kartei RH = Inventarkartei Scheibler-Museum Rotes Haus Monschau

1 Eiflia Illustrata oder Die geographische und historische Beschreibung der Eifel. Von Johann Friedrich Schannat. 1. Band 1. Abt.: Die Städte und Ortschaften der Eifel und deren Umgegend, topographisch und historisch beschrieben von Georg Bärsch. Neudruck der Ausgabe von 1852. Osnabrück 1966, S. 56.

2 Zitiert nach: Bärbel Kerkhoff-Hader, Die Tuchmacherreliefs im Roten Haus in Monschau. In: Textilarbeit (= Rheinisches Jahrbuch für Volkskunde 27, 1987/88), S. 154.

3 Vgl. Ernst Barkhausen, Die Tuchindustrie in Montjoie – ihr Aufstieg und Niedergang. Aachen 1925, S. 20. Barkhausen berichtet von einem Schild in einer Fabrik: »Da die Erträgnisse aus den Uringeldern zur Unterstützung alter Arbeiter verwendet werden und somit allen wieder zugute kommen, so werden hiermit alle Arbeiter nochmals dringend aufgefordert, ihre Notdurft nur in der Fabrik und nur an den dazu eingerichteten Orten zu verrichten.«

4 Im Nachlaß des Tuchfabrikanten Johann Voell aus Imgenbroich befanden sich im Jahre 1823 hinter der Walkerei »vier Urinfässer mit Eimer und Trichter« mit einem taxierten Wert von 8 Talern. Dieser Wert entsprach ungefähr dem Wert eines Hammels. Vgl. HStAD Notare Monschau Rep. 831/703 – 1823, bei: Josef Mangold, Leben im Monschauer Land. Wohnen und Wirtschaften im Spiegel von Inventarverzeichnissen des 19. Jahrhunderts (= Werken und Wohnen. Volkskundliche Untersuchungen im Rheinland, Band 20). Köln 1992, S. 122, 162.

5 Vgl. Barkhausen (wie Anm. 3), S. 20.

6 Sabine Schmitz, Die Monschauer Tuchindustrie im 18. Jahrhundert unter besonderer Berücksichtigung der Feinen Gewandschaft. Wiss. Arbeit im Rahmen der Ersten Staatsprüfung für das Lehramt für die Sekundarstufe I. Bonn 1983 (masch.schr. Manuskr.), S. 34. Vgl. dazu auch die im Roten Haus ausgestellte ›Preisliste der Farbwaaren‹ aus dem Jahre 1833, die eindrucksvoll über die hohen Preise für Farbwaren berichtet.

7 Johannes Fettweis aus Eicks bei Mechernich-Kommern/Eifel war als Rotfärber seit 1763 bei der Firma Peter Offermann & Co in Grünenthal an der Rur unterhalb von Monschau beschäftigt. Die Firma wurde von der Witwe Offermann geführt: Kartei RH/L 5.

8 Farbbuch für Ferdinand Moll, Monschau 1834 ff. folio 46 x 32 x 8 cm: Kartei RH/L 6.

9 Barkhausen (wie Anm. 3), S. 20.

10 Die Wolle konnte mittels eines Wollwolfes gelockert werden. Vgl. dazu Hansmann (S. 53) und unten Anm. 15.

11 Barkhausen (wie Anm. 3), S. 22.

12 Eine detaillierte Beschreibung der Einrichtung des Webstuhls sowie des Webvorganges führt an dieser Stelle zu weit. Vgl. dazu die einschlägige Literatur.

13 Barkhausen (wie Anm. 3), S. 24, 55, 67.

14 Vgl. dazu auch: Wilfried Krings, ›Der Rahmenberg, welcher täglich mit den schönsten collerirten Tüchern bespannet ist‹. Terrassierte Tuchbereiterplätze in Monschau/Eifel und an anderen Orten. In: Textilarbeit (= Rheinisches Jahrbuch für Volkskunde 27, 1987/88), S. 21–58. Die Walkmühlen lagen in den Flußtälern, die Rahmen mußten auf schmalen, langen und sonnigen Terrassen errichtet wurden, die sich meist an den Talhängen befanden. Das bedeutete einen hohen Transportaufwand, denn die nassen und damit schweren Tuche (31 m lang, ca. 70 cm breit) mußten mit Fuhrwerken dort hinauf geschafft werden. Diese Arbeiten wurden durch Fuhrleute gegen Lohn ausgeführt, wiederum eine gute Nebenerwerbsmöglichkeit.

15 »Außerdem waren auf dem ›Kardensöller‹ noch drei Scheiben Rauhkarden (Scheiben, auf denen Rauhkarden befestigt waren) zu 9 Talern, Farbrohstoffe, Tuchscheren, ein Wollwolf, ein ›Einstreichstisch‹ etc. gelagert.« Vgl. HStAD Notare Monschau Rep. 731/1278–1833; Mangold (wie Anm. 4), S. 257.

16 Laut Barkhausen gab Wilhelm Scheibler 1789 in einer Auflistung seiner Fabrikgerätschaften eine Schere mit 12800 Talern an: Barkhausen (wie Anm. 3), S. 62. Diese Angabe kann nur ein Druckfehler sein, da für die Fertigstellung des Roten Hauses 90000 Taler aufgewendet wurden. Im Jahre 1833 ist »eine alte Tuchscher« mit 9 Talern belegt und »fünf Tuchscheren, taxiert zu fünf Reichsthalern«. Zum Vergleich: 1833 kostete eine Kuh oder eine komplette Bettstelle mit Zubehör 10 bis 15 Taler. Vgl. Mangold (wie Anm. 4), S. 96 f., 257.

17 Barkhausen (wie Anm. 3), S. 27. Die Scherer waren sich ihrer Kunst wohl bewußt und versuchten die Wichtigkeit ihrer Stellung dem Fabrikanten gegenüber durch Forderungen zu verdeutlichen. Die späteren Schererunruhen zeigten dies recht deutlich (s. u).

18 Paul Schoenen, Das Rote Haus in Monschau. Aufnahmen von Hermann Weisweiler. Köln 1968, S. 24.

19 Max Barkhausen, Der Aufstieg der rheinischen Industrie im 18. Jahrhundert und die Entstehung eines industriellen Großbürgertums. In: Rheinische Vierteljahrsblätter 19 (1954), S. 153 f. Desgl. Barkhausen (wie Anm. 3), S. 32.

20 Scheiblers Verbesserungen begannen schon beim Waschen der Wolle: das Bestimmen der richtigen Temperatur oder das Beimischen von Substanzen, wie Franzbranntwein »... dies sei sein ganz besonderes Geheimnis, niemals habe er gehört, daß man solchen Branntwein anderweitig gebrauche« und »Wichtig sei es auch, dem zum Waschen benutzten Urin aufgelösten Salmiak beizumischen und die Wäscherei in einem zinnernen oder hölzernen Gefäß auszuführen, denn im kupfernen Kessel würde die Wolle etwas gelblich oder bläulich, weil der Kupfer aufgelöst würde«: Walter Scheibler, Geschichte und Schicksalsweg einer Firma in 6 Generationen 1724–1937. Aachen 1937, S. 207.

21 Im Jahre 1773 kostete ein Pfund spanischer Merinowolle in Amsterdam 1 Reichstaler. 1836 bezahlten die Monschauer Tuchfabrikanten für einen Zentner Wolle durchschnittlich zwischen 74 und 90 Talern, berechnet nach einer Statistik von 1836. Vgl. Toni Offermann/Liesbeth Woldt, Die gewerbliche Nutzung des Roten Hauses zur Tuchfabrikation im 19. Jahrhundert. In: Das Monschauer Land. Jahrbuch 1986, S. 62 f., Anm. 11 und 44.

22 Barkhausen (wie Anm. 3), S. 29 ff.; Scheibler (wie Anm. 19), S. 17.

23 Barkhausen (wie Anm. 3), S. 37.

24 Vgl. Barkhausen (wie Anm. 19), S. 155.

25 Offermann/Woldt (wie Anm. 21), S. 56 ff. sowie Anm. 9 und 10.

26 Vgl. Befundbericht von Dr. Norbert Nußbaum, Rheinisches Amt für Denkmalpflege, vom 15. 11. 1993, Aktenarchiv des RhAD, Pulheim-Brauweiler.

27 Beim Bau des Roten Hauses war auf der gegenüberliegenden Seite des Laufenbaches noch kein Gebäude, ebenso gab es keine Brücken über den Laufenbach und die Rur. Direkt unter dem Aufzugsbalken befand sich eine Furt, an die sich eine weitere durch die Rur anschloß.

28 Schoenen (wie Anm. 18), S. 23 und dort Anm. 13.

29 Unterschrieben haben Johann Heinrich Scheibler, Petrus Schmitz, Heinrich Schmitz (ein Schwager von Johann Heinrich Scheibler), drei Verteter der Familie Offermann aus Imgenbroich, Paul Gerhard, Mathias und Wilhelm, Christian Mathias Offermann, Johannes Hubertus Stolz (Bürgermeister), Gerhard Müller (Ratsherr): Barkhausen (wie Anm. 3), S. 54 ff., 80 ff.

30 Zitiert nach: Barkhausen (wie Anm. 3), S. 81.

31 Zitiert nach: Schoenen (wie Anm. 18), S. 25. Vgl. auch Barkhausen (wie Anm. 3), S. 82.

32 Vgl. Barkhausen (wie Anm. 3), S. 82.

33 Diese Arbeitszeiten sind auch für die anderen Arbeiten in den Fabriken anzunehmen: Barkhausen (wie Anm. 3), S. 85.

34 Ebenda, S. 85 f.

35 In den Fabriken war es verstärkt vorgekommen, daß Arbeiter die anfallenden Wollreste mitnahmen und auf eigene Rechnung verarbeiteten und verkauften. Gegen diese ›Diebereien‹, schritten die Fabrikanten nun verstärkt ein.

36 Diese Orte lagen im österreichischen Limburg.

37 Vgl. Barkhausen (wie Anm. 19), S. 155.

38 Vgl. Barkhausen (wie Anm. 3), S. 71 f.

39 Wegen seiner Bestrebungen zur Hebung des Allgemeinwohls wurde Böcking nach seinem Konkurs in der französischen Verwaltung beschäftigt. 1815 wurde er der erste Landrat des Kreises Montjoie: Barkhausen (wie Anm. 3), S. 143; Mangold (wie Anm. 4), S. 63 und dort Anm. 72.

40 Schoenen (wie Anm. 18), S. 26.

41 Die Verluste der Firma J. H. Scheibler & Söhne zeigen ein erschütterndes Bild: Der Vermögensstand belief sich 1789 auf 374 301 Taler. Bereits das Jahr 1790 brachte wegen der Kriegswirren Verluste, die sich ab 1794 stetig erhöhten: 1794 allein 60 000 Taler, da die auswärtigen Schuldner nicht zahlen konnten. Von dem stolzen Vermögen des Jahres 1789 blieben bis 1805 nur noch 15 605 Taler übrig. Außer den Wohn- und Geschäftshäusern waren keine Werte vorhanden, aber die Gebäude waren zu dieser Zeit so gut wie nicht zu verkaufen. 1803 mußte das erst 1786 von Wilhelm Scheibler von den Erben von Grand Ry gekaufte Haus ›Wirthplatz 3‹ in Eupen an den Hauptgläubiger, die Wollfirma Bock & Koenen in Amsterdam für 86 000 Francs, den ungefähren Betrag ihrer Schuld abgetreten werden: Barkhausen (wie Anm. 3), S. 136.

42 Vgl. Barkhausen (wie Anm. 3), S. 140.

43 Die Scheiblers und die Fa. Schmitz nutzten die Kraft des Wasserrades je zur Hälfte: Gebr. Scheibler für ihre Spinnmaschine, P. Schmitz für eine Rauhmaschine. Das Gebäude der Mühle gehörte Scheibler, der Zuleitungskanal Schmitz, der für die Mitbenutzung jährlich eine Gebühr entrichten mußte. Vgl. Offermann/Woldt (wie Anm. 21), S. 58 und dort Anm. 17.

44 Die Gewandschaft berechnete 212 Taler an Herstellungskosten für dieses in Leder gebundene Buch. Es ist 38 x 97 x 11 cm groß und umfaßt 40 Blätter (= 80 Seiten) mit Goldprägung. 30 Blätter sind mit insgesamt 3770 Mustern in einer Größe von 5 x 4 cm versehen. Zu jeder Musterseite gehört eine Seite Beschreibungen, die jeweils nach ›Fabrication‹ (Angaben zu Tuch, Rohstoff, Farbe, Herstellungsjahr), ›Observation‹ (Angaben zu bestimmten Verfahren oder Material), ›Exportation‹ (Ausfuhrländer) unterteilt ist. Das Buch gelangte nach dem Abzug der Franzosen nach Monschau zurück und wurde bei den Gewandschaftsakten aufbewahrt.

45 Schmitz (wie Anm. 6), S. 68.

46 Auf jeder Seite befinden sich 3 senkrechte Reihen von je 17 Mustern (5 x 1,5 cm). Insgesamt werden 22 Seiten einfarbige Muster, 26 Seiten gemusterte Tuche und 6 Seiten zeigen die vorherigen nur in größeren Tuchstücken. Angaben zu den Mustern fehlen, lassen sich aber aus dem Musterbuch der ›Feinen Gewandschaft‹ erschließen, da letzteres ja auch Tuche der Firma Scheibler enthält.

47 Die Gemeinde-Chronik der Stadt Montjoie 1816. Archiv der Stadt Monschau 2. Abt. A VII lfd. Nr. 2.

48 Vgl. Mangold (wie Anm. 4), S. 72.

49 Barkhausen (wie Anm. 19), S. 326.

50 Barkhausen (wie Anm. 3), S. 158. Auch die Regierung hatte Getreide aus den Ostseeprovinzen verschiffen lassen, doch wurde das ganze Unternehmen so bürokratisch und langsam abgewickelt, daß das Getreide erst im Jahre 1817 in Köln eintraf.

51 Daneben stellten 55 Firmen der ›Groben Gewandschaft‹ im Jahre 1813 zusammen 880 Kümpfe her, im Jahre 1819 nur noch 25 Firmen insgesamt 489 Kümpfe. Berechnet nach den Tabellen bei Barkhausen (wie Anm. 3), S. 160f.

52 Anfang 1819 suchte F. J. Scheibler förmlich um Genehmigung des Projektes nach. Vergleiche mit der Groben Gewandschaft führten schließlich zur Konzessionierung am 1. 10. 1823 bzw. 2. 4. 1825. Rechtlich hätte er Offermann zur Rücknahme seiner Veränderungen zwingen können, doch konnte Scheibler durch den Anstich des Kanals mehr Wasser ableiten als vor 1804: Offermann/Woldt (wie Anm. 21), S. 59.

53 Die Genehmigung wurde am 15. 7. 1816 beantragt. Am 22. 11. 1817 wurde die Konzession erteilt: Ebenda.

54 Der Anbau für die Wollspüle II war zunächst mit einem Pultdach mit vier Dachgauben überdacht; vor dem ›Helm‹ war der Kanal offen, vor dem Nachbarhaus von Contzen (das seit ca. 1770 Scheibler gehörte) war er wieder überdacht. Zwischen 1864 und 1868 läßt der damalige Besitzer Bernhard von

Scheibler das Pultdach abreißen und eine vorkragende, verglaste Veranda errichten, die 1925 abgerissen wird. Der offene Kanal vor dem ›Helm‹ wird ebenfalls überdacht und als Veranda genutzt. Vgl. dazu die Dokumentation ›Wollspüle II‹ von Liesbeth Woldt im Archiv des Roten Hauses.

55 Offermann/Woldt (wie Anm. 21), S. 61 und dort Anm. 30.

56 Von 1833 bis 1841 war die Firma Louis A. Scheibler die größte Spinnerei in Monschau mit 124 bzw. 125 Arbeitern: Ebenda, Anm. 35.

57 Das Doppelwehr von 1814/17 ist heute noch in der Rur erkennbar, ebenfalls die zugemauerte Einlaßschleuse des Wasserrades im Kanal der Wollspüle II im Keller des Hausteils ›Zum Pelikan‹.

58 Scheibler argumentierte, die Konzessionen von 1812 und 1817 hätten ihm die Nutzung des Wassers auf der linken Rurseite übertragen, damit sei ein Betreiben eines Wasserrades mit eingeschlossen. Die Wasserbaubehörde hielt dagegen, daß durch den 1824 genehmigten Kanal bereits die vorhergehenden Genehmigungen unterlaufen worden seien, da das Wasser erst rurabwärts unterhalb des Roten Hauses wieder in den Fluß zurückfließe und dadurch den Wehranlagen von Offermann und Wittichen entzogen sei. Siehe dazu ausführlich: Offermann/Woldt (wie Anm. 21), S. 61 ff.

59 Ebenda, S. 64.

60 Vgl. Gutachten von Nußbaum (wie Anm. 26). Ab 1839 ist das Rote Haus vermutlich nur noch zu Wohnzwecken genutzt worden. Offermann/Woldt (wie Anm. 21), S. 64.

61 Der Jacquardwebstuhl wurde von dem Franzosen J. M. Jacquard (1752–1834) im Jahre 1805 erfunden. Während bei den Schaftgeweben die Kettfäden durch Schäfte gruppenweise bewegt werden, ziehen bei Jacquardgeweben Platinen (Haken) über Harnischschnüre und Litzen die Kettfäden einzeln hoch. Sie werden durch Jacquardkarten (Papp-, Papier- oder Folienkarten) über Fühlnadeln und Hebemesser gesteuert. Die Jacquardkarte wird nach der Musterzeichnung mit der Kartenschlagmaschine gelocht und mit Fühlnadeln gelesen. Vgl. dtv-Lexikon, Band 9, Mannheim/München 1990, S. 47 f.

62 In den Spinnereien von Troistorff im Wiesental und Stolzem im Laufental standen ab 1834 die ersten Dampfmaschinen als Aushilfskraft bei Wassermangel.

63 Z. B. Karl Wilhelm Scheibler, der 1854 in Lodz eine Baumwollspinnerei gründete, die zu Beginn bereits 18 000 Spindeln und 100 mechanische Webstühle zählte. Nach Gründung von Zweigfabriken entwickelte sich seine Firma zur größten des Landes, und er bekam den Beinamen ›Polnischer Baumwollkönig‹. Vgl. ausführlich: Walter Scheibler, Die Auswanderungen aus Monschau nach dem Osten im 19. Jahrhundert. In: Nordrhein-Westfalen und der deutsche Osten. Veröffentlichungen der Ostdeutschen Forschungsstelle, Reihe A. Nr. 5. Dortmund 1962.

Ausgewählte Literatur

Barkhausen, Ernst: Die Tuchindustrie in Montjoie, ihr Aufstieg und Niedergang. Aachen 1925.

Barkhausen, Max: Der Aufstieg der rheinischen Industrie im 18. Jahrhundert und die Entstehung eines industriellen Großbürgertums. In: Rheinische Vierteljahrsblätter 19 (1954), S. 135–177.

Eiflia Illustrata oder Die geographische und historische Beschreibung der Eifel, von Johann Friedrich Schannat. 1. Band, 1. Abteilung: Die Städte und Ortschaften der Eifel und deren Umgegend, topographisch und historisch beschrieben von Georg Bärsch. Neudruck der Ausgabe von 1852. Osnabrück 1966.

Kerkhoff-Hader, Bärbel: Die Tuchmacherreliefs im Roten Haus in Monschau. In: ›Textilarbeit‹, Rheinisches Jahrbuch für Volkskunde, Band 27 (1987/88), S. 153–182.

Krings, Wilfried: ›Der Rahmenberg, welcher täglich mit den schönsten collerirten Tüchern bespannet ist‹. Terrassierte Tuchbereiterplätze in Monschau/Eifel und an anderen Orten. In: ›Textilarbeit‹, Rheinisches Jahrbuch für Volkskunde, Band 27 (1987/88), S. 21–58.

Mangold, Josef: Leben im Monschauer Land. Wohnen und Wirtschaften im Spiegel von Inventarverzeichnissen des 19. Jahrhunderts. (= Werken und Wohnen. Volkskundliche Untersuchungen im Rheinland, Band 20). Köln 1992.

Offermann, Toni/Woldt, Liesbeth: Die gewerbliche Nutzung des Roten Hauses zur Tuchfabrikation im 19. Jahrhundert. In: Das Monschauer Land. Jahrbuch 1986, S. 56–63.

Scheibler, Walter: Die Auswanderungen aus Monschau nach dem Osten im 19. Jahrhundert. In: Nordrhein-Westfalen und der deutsche Osten. Veröffentlichungen der ostdeutschen Forschungsstelle, Reihe A. Nr. 5. Dortmund 1962.

Scheibler, Walter: Geschichte und Schicksalsweg einer Familie in 6 Generationen 1724–1937. Aachen 1937.

Schmitz, Sabine: Die Monschauer Tuchindustrie im 18. Jahrhundert unter besonderer Berücksichtigung der Feinen Gewandschaft. Wissenschaftliche Arbeit im Rahmen der Ersten Staatsprüfung für das Lehramt für die Sekundarstufe I. Masch.schr. Manuskript. Bonn 1983.

Schoenen, Paul: Das Rote Haus in Monschau. Köln 1968.

Angaben und Hinweise zu den Abbildungen sind entnommen: Hermanns, F. W., Klubert, E., Lauscher, H. G., Offermann, T.: Montjoie – Monschau. Von Häusern und Menschen. Selbstverlag Monschau-Imgenbroich 1993.

Bildnachweis

Archive der Verfasser 15, 27–29, 35, 42–45, 99–102, 107/108
Georg Güttsches, Monschau (Nachlaß) 95, 96, 111
Landesbildstelle Rheinland, Düsseldorf 1, 6
Rheinisches Amt für Denkmalpflege, Pulheim-Abtei Brauweiler: Norbert Nußbaum/Gottfried Reinhard 11. – Norbert Schoch 13. – Michael Thuns 18. – Stefan Winter 12. – Silvia-Margrit Wolf S. 12, 13, 16, 33, 82, 88, 98, 102/103, 106/107, 118, 119; 2, 3, 5, 14, 16, 17, 20–26, 31–34, 36, 38–41, 46–48, 50–53, 58, 59, 63, 69, 70, 75–80, 82–86, 88–93, 97, 98, 103–106, 118, 120; Vorsatz vorne. – Silvia-Margrit Wolf/Manfred Steinhoff S. 2 (zugleich Umschlag vorne), 96. – Unbenannt S. 73; 9, 110, 117
Heinpeter Schreiber, Köln S. 9 (zugleich Umschlag hinten), 22/23, 26/27, 30/31, 36/37, 40/41, 45, 80/81, 83, 86/87, 91, 93
Simon Vogel 109
Hermann Weisweiler, Aachen 4, 8, 10, 19, 30, 37, 49, 54–57, 60–62, 64–68, 71–74, 81, 87, 94, 121
Westfälisches Landesmuseum für Kunst und Kulturgeschichte Münster 7
Reproduktionen 112 (Karl Laue, Eupen; Original im Pfarrarchiv Monschau), 113 (Maria-Hilf-Stift Monschau), 114 (August Classens, Aachen; Archiv des Geschichtsvereins des Monschauer Landes), 115 (Postkarte im Besitz von Elmar Klubert, Monschau); 116, 119 (Rheinisches Volkskundearchiv Bonn, Sammlung Weiß), Vorsatz hinten (nach: Paul Schoenen, Das Rote Haus in Monschau. Köln 1968)

Impressum

Die Finanzierung erfolgte
im wesentlichen aus Mitteln
des Landschaftsverbandes
Rheinland in Köln

Reproduktionen:
Heinrich Miess, Köln
Litho Köcher, Köln

Satz:
Fotosatz Harten, Köln

Druck:
Rasch, Bramsche

Buchbinderische Verarbeitung:
Bramscher Buchbinder Betriebe, Bramsche

Printed in Germany
ISBN 3-7701-3390-0

Umschlagvorderseite:
Eingangsfront des Roten Hauses. 1994

Umschlagrückseite:
Stadt Monschau mit dem Roten Haus.
1994

Frontispiz:
Das Rote Haus an der Mündung
des Laufenbachs in die Rur

Vorsatz vorne:
Seiten aus dem Stoffmusterbuch der
Monschauer Feinen Gewandschaft von
1813 mit Proben aller von 1735 bis 1810
in Monschau fabrizierten Tuche

Vorsatz hinten:
Wappentafel der Familie Scheibler

Die Deutsche Bibliothek – CIP-Einheits-
aufnahme
Das **Rote Haus in Monschau** /
hrsg. von der Stiftung Scheibler-Museum
Rotes Haus Monschau. Mit Beitr. von
Wilfried Hansmann ... Fotogr. von Hein-
peter Schreiber ... - Köln : DuMont, 1994
ISBN 3-7701-3390-0
NE: Hansmann, Wilfried; Schreiber, Heinpeter;
Stiftung Scheibler-Museum
Rotes Haus in Monschau

Die Wappen der Familie Scheibler

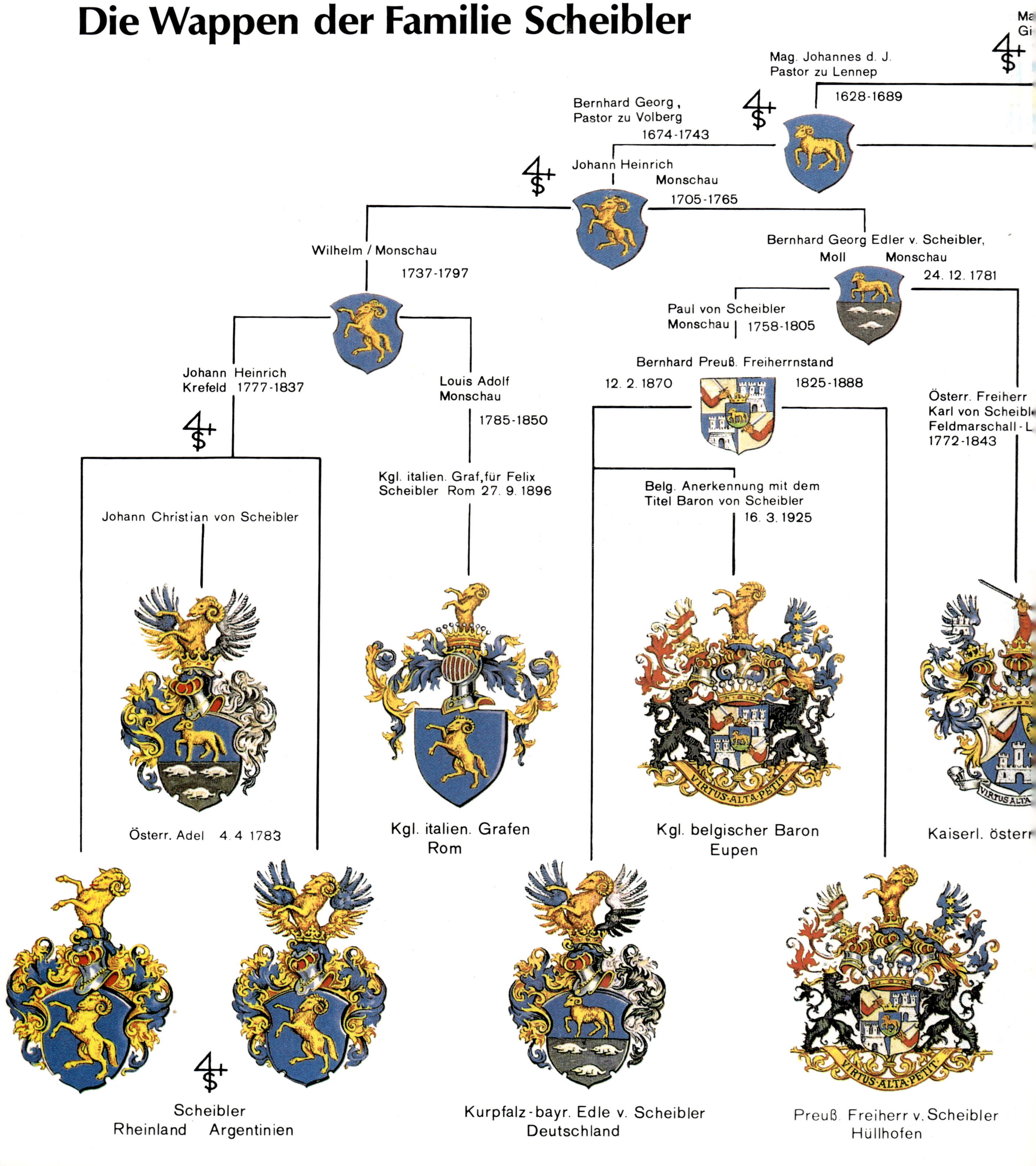
Ma
Gi
Mag. Johannes d. J.
Pastor zu Lennep
1628-1689
Bernhard Georg,
Pastor zu Volberg
1674-1743
Johann Heinrich
Monschau
1705-1765
Wilhelm / Monschau
1737-1797
Bernhard Georg Edler v. Scheibler,
Moll
Monschau
24. 12. 1781
Paul von Scheibler
Monschau
1758-1805
Bernhard Preuß. Freiherrnstand
12. 2. 1870
1825-1888
Johann Heinrich
Krefeld
1777-1837
Louis Adolf
Monschau
1785-1850
Österr. Freiherr
Karl von Scheibl
Feldmarschall-L
1772-1843
Kgl. italien. Graf, für Felix
Scheibler Rom 27. 9. 1896
Belg. Anerkennung mit dem
Titel Baron von Scheibler
16. 3. 1925
Johann Christian von Scheibler
VIRTUS ALTA PETIT
VIRTUS ALTA
Österr. Adel 4. 4. 1783
Kgl. italien. Grafen
Rom
Kgl. belgischer Baron
Eupen
Kaiserl. österr
VIRTUS ALTA PETIT
Scheibler
Rheinland
Argentinien
Kurpfalz-bayr. Edle v. Scheibler
Deutschland
Preuß. Freiherr v. Scheibler
Hüllhofen